KB068368

더 많은 기회를 만드는 말의 힘

내가 대화하는 이유

더 많은 기회를 만드는 말의 힘

내가 대화하는 이유

사이토 다카시 지음 | 문기업 옮김

알에이치코리아

프 롤 로 그

당신은
또 만나고 싶은
사람입니까?

전화를 걸지도 받지도 못하는 신입 사원이 있다는 이야기를
들었다. 만난 적이 없는 사람에게는 전화를 걸지 못하고, 걸려
오는 전화도 누가 전화를 한 것인지 모르기 때문에 받지 못한
다고 한다. 휴대전화는 발신인 표시가 되기 때문에 모르는 번
호, 모르는 사람에게서 걸려오는 전화는 아예 받지 않고, 아는
사람과만 대화를 나눈다고 한다. 상대가 누구인지 모르는 전화
를 덜컥 받기가 불안하고 두려운 것이다. 전화를 걸고, 받는 일

은 남녀노소 가릴 것 없이 누구에게나 필요한 일이며, 직장인이라면 꼭 필요한 일이기도 하다.

요즘에는 전화뿐만 아니라 처음 보는 상대와 둘만 있는 '일 대 일' 상황이 불편하고, 어색해서 어려움을 겪는 사람이 많다고 한다. '단 둘이 있으면 어떤 이야기를 해야 할지 몰라 긴장하게 되고, 타인과 이야기를 하는 것만으로도 지친다고 말한다. 글로는 확실하게 자기주장을 하던 사람도 말로 의견을 표현하라고 하면 머뭇거린다.

요즘 젊은 세대는 대부분 자기 생각이 확실하고, 업무 능력도 뛰어나다. 팀을 이뤄 진행하는 일에 협조도 잘 하는 편이고, 새로운 IT 관련 정보에도 빠르며, 새로운 소프트웨어 역시 잘 다룬다.

하지만 사람과 접촉하는 것에는 매우 약하다. 사람과 만나고, 직접 대화하는 상황 자체를 껄끄러워한다. 나는 사람과 접촉하는 일에 불안감을 가지거나, 불편하게 생각하면 안 된다고 여긴다. '일 대 일'이라는 직접적인 상황에 강해질 필요가 있다. 그리고 그렇게 되기 위한 힘을 '대면력(對面力)'이라 부르기로 했다.

한 설문 조사에 의하면, 기업이 직원을 채용할 때 가장 중요하게 생각하는 요소로 9년 연속 '커뮤니케이션 능력'이 선정되었다고 한다. 하지만 여기서 말하는 커뮤니케이션 능력이 무엇을 말하는 것인지는 상당히 애매하다. '커뮤니케이션 능력을 향상시키자'는 방향성은 맞지만 구체적으로 어떻게 향상시키면 좋을지 알기가 어렵다. 그래서 일단은 '사람과 마주 보고 즐겁게 관계를 맺을 수 있는 능력'을 '대면력'이라고 이름 붙여 개념화하기로 했다.

논리력, 판단력, 교섭력 등 일반적으로 커뮤니케이션을 위해 중요하다 생각하는 능력 이전에 그 어떤 상황에서도 문제없이 사람과 마주하며 세상을 살아가는 힘, 커뮤니케이션 능력보다도 더욱 근본적인 힘, 그것이 대면력이다. 상황과 장소에 맞춰 대응하는 적응력이라고 볼 수 있다. 유연하게 상대에 맞춰주면서 자신에 대한 강렬한 인상을 심어주어 '이 사람과 또 만나고 싶다'고 생각하게 만드는 능력이다.

사실 사람들은 일상적으로 다양한 순간에 우리의 '대면력'을 평가한다. 예를 들면 느낌이 좋다, 성실해 보인다, 밝다, 착실하다, 차분하다, 듬직하다, 같이 있으면 즐겁다, 앞으로도 친하게 지내고 싶다 등……. 인품, 분위기, 인상, 호감도 등으로 표현되는 것들은 사실 모두 직접 맞닥뜨렸을 때의 인상, 즉 대면력을 나타내는 말들이다. 사람에 대한 평가의 90%는 '대면력'에 의해 결정된다고 해도 과언이 아니다. 이 책의 목적은 커뮤니케이션 능력 중에서도 가장 기본인 '대면력'을 높일 수 있게 하는 것이다. 그 이외의 것은 '대면력'을 갈고 닦으면 자연히 뒤따라온다.

성격이나 성향 차이로 타인과의 대화를 좋아하기도, 싫어하기도 한다고 생각하는 사람이 많지만, 사실 성격보다는 경험치, 즉 익숙함이 중요하다. 아무리 심하게 낯을 가려도 관계를 쌓는 경험을 하다보면 점차 어색하고 불편한 생각이 사라진다. 다양한 경험을 많이 하면 할수록 어떤 상황과 맞닥뜨려도 피로감을 덜 느끼게 되는 것이다. '난 못해', '힘들어', '껄끄러워' 같은 생각에 사로잡혀 그 상황을 피해서는 안 된다.

나는 대학에서 수업을 진행할 때 '대면력'을 단련할 수 있는 과제를 많이 내주는 편이다. 예를 들면 일 대 일로 마주 보고 서로 수업에 관해 요약하기, 네 명씩 그룹을 나누어 토론하기, 학생들 앞에서 자신의 의견을 말해 보기, 다른 사람의 이야기를 듣고 신속하게 대답해 보기 등인데, 고등학교 때까지 이런 경험을 해보지 않은 사람에게는 조금 힘든 훈련이다. 이런 수업 방식을 불편해하면서 그냥 나가버리는 학생도 있다. 그리고 다음 수업에 나오지 않는다.

'대면력'을 기를 필요성이 있는 사람일수록 스스로 '대면력'을 기를 수 있는 기회를 놓치는 것이다. 반대로 정신적으로 피곤하고 힘들다는 푸념을 늘어놓으면서도 계속 출석한 학생은 3개월 정도가 지난 뒤, 수강 평가에 내가 할 수 있을까 하고 생각했는데, 막상 하고 나니 왜 그렇게 불필요한 긴장을 했는지 모르겠다고 적을 정도가 되기도 한다. 이러한 경험을 많이 하면 할수록 '대인 기초 체력'이 늘어나 쓸데없는 긴장을 하지 않게 된다.

최근에는 다양한 소셜 미디어가 등장했기 때문에, 직접 이야기를 하지 않아도 의견을 교환할 수 있는 수단이 매우 많아졌다. 하지만 소셜 미디어로 맺은 관계만으로 만족하거나, 의지하는 것은 장기적인 관점에서 봤을 때 결코 좋은 일이 아니다. 껄끄럽고, 긴장되고, 귀찮다는 이유로 직접 만나 관계를 맺는 일을 피하는 것은 자신의 무한한 가능성의 싹을 잘라버리는 행동이다.

사람과 마주하는 데 자신감이 붙으면 친구를 사귀기도 쉬워진다. 취직 활동을 할 때에도 크게 도움이 된다. 일상생활이 지금보다 더욱 즐거워진다. 그 차이는 매우 확연하다. 하루라도 빨리 '대면력'을 길러 놓으면 그만큼 인생의 폭이 넓어진다. '대면력'이 좋은 사람일수록 인생에서 더욱 많은 기회를 만날 수 있다.

사람은 누구나 내 생각을 타인에게 전달하고 싶고, 의견을 나누고 싶고, 교류하고 싶은 기초적인 욕구를 가지고 태어난다. 본능적으로 다른 사람과 의사소통을 해야 삶의 즐거움을 맛볼 수 있는 것이다. 하지만 사람은 자의식이 생겨날 때 자신과 외

/ '자의식의 껍데기'를 깨고 나와 안정적인 한 명의
인격으로서 다른 사람과 관계를 맺는 것이
사회에 나온다는 것, 즉 어른이 된다는 것이다. /

프롤로그

부 세계 사이에 껍데기를 만들게 된다. 사춘기 때에 자신을 지키기 위해 쌓아 올린 울타리, 곧 벽이라고 할 수 있다. 그 '자의식의 껍데기'를 깨고 나와 안정적인 한 명의 인격으로서 다른 사람과 관계를 맺는 것이 사회에 나온다는 것, 즉 어른이 된다는 것이다.

　이 책을 읽고 '대면력'이 무엇인지 이해하고, 자신이 직접 이것저것 시도해보고, 몸에 체득될 때까지 꼭 실천해보길 바란다. '사람과의 접촉은 본질적으로 즐겁다'라는 감각은 누구나 잠재적으로 지니고 있다. '자의식의 껍데기'를 깨고 나오면, 껍데기의 바깥 세계가 안쪽 세계보다 훨씬 즐겁고 설렌다는 사실을 알게 될 것이다. 껍데기를 깨고 나와 살짝 용기를 내보자. 다양한 경험을 쌓고, 대면력을 기르면, 더 편하고 자연스럽게 다른 사람과의 교류를 즐길 수 있다. '대면력'은 커뮤니케이션 능력의 기초임을 잊지 말고, 앞으로의 인생을 더욱 풍요롭게 해줄 수 있도록 그 능력을 키워나갔으면 좋겠다.

CHAPTER 2
내 마음이 편해지는
대면력

CHAPTER 3
상대를 기분 좋게 만드는
대면력

CHAPTER 4
대화가 필요한 순간,
내가 빛나는 시간

CHAPTER

왜
얼굴을 마주하고
대화를 나누는 일이
이렇게 어려울까

반응도 습관, '반응'하는 몸을 만든다

체온이 생각도 변화시킨다

몸을 움직여 배꼽을 마주한다

오른쪽 눈을 2초간 바라본다

눈앞의 상대가 가장 중요하다

부족한 대면력을 보완해주는 '예절'

장소와 상황에 따라 탄력적으로 상대를 대한다

대면력이 낮은 사람은 잘 웃지 않는다

누구와 있더라도 최선을 다한다

상대방의 기분까지 신경 쓴다

사람을 마주하는 운동, '대인 체력'을 기르자

반응도 습관, '반응'하는 몸을 만든다

대면력에서 가장 중요한 첫 번째 요소는 '반응'이다. 상대의 말과 표정, 몸짓에 빠르게 반응하는 몸을 만들어 두지 않으면, 아무리 커뮤니케이션 능력을 갈고 닦으려 해도 좀처럼 잘 되지 않는다.

초등학생에게 "오늘은 이 책을 통째로 소리 내서 읽을 거야"라고 말하면, "으악!" 하고 곧장 큰 소리로 반응한다. 비록 부정적 표현이기는 하지만, 무척 솔직한 반응이다. 상대의 말을 듣고 곧장 반응을 한다. 하지만 중학생이나 고등학생 정도 되면 부정적인 반응조차도 거의 하지 않는다.

"이것에 대해 알고 있는 사람은 손을 들어 보겠니?"라고 물으면 드문드문 손을 든다.

"모르는 사람?" 드문드문 손을 든다.

"지금 둘 다 손을 들지 않은 사람은 손뼉을 쳐보자." 이것도 작은 박수 소리가 날뿐이다.

이처럼 아무런 반응을 보이지 않는 사람이 많다. 딱히 반항적이기 때문이 아니라 바로 반응을 하지 못하기 때문이다. 중학생 정도가 되면 교사나 부모의 말에 곧장 반응하는 것을 부끄러운 일이라 여기게 된다. 솔직히 대답하면 어린애 같다고 생각하거나, 주변의 시선을 신경 쓰게 되는 것이다. 자기 혼자 적극적으로 나서면 친구들이 "왜 혼자 나서는 거야?"라고 생각할까봐, 적당히 주변 사람들 의견에 맞춰주는 게 무난하다는 생각을 하기도 한다. 이렇듯 반응을 하지 않는 것에 익숙해져버리면 안 된다.

교사나 부모님의 말씀에는 바로 반응을 보이지 않는 학생들도 메신저나 SNS에서 친구가 메시지를 보내면 '즉시' 답장을 보낸다. 손끝과 머리를 사용한 반응은 매우 재빠른 것이다. 하지만 다른 사람의 이야기를 듣고 손을 들거나, 박수를 치거나, 웃거나 하는 반응에는 매우 둔하다.

이렇게 반응을 잘하지 못하는 사람들을 보면 나는 '몸 풀기'를 해보라고 권한다. 제자리에서 가볍게 뛰어 어깨의 힘을 풀어주는 것이다.

"점프, 점프, 어깨 풀고~, 점프, 점프, 어깨 풀고~."

리듬에 맞춰 어깨를 돌리고, 온몸을 뒤흔드는 느낌으로 네다섯 번 정도 이렇게 해주면 뭉쳐 있던 어깨가 부드러워진다. 이런 율동을 한 뒤 다시 자리에 앉은 후 조금 전과 똑같은 질문을 하면, 모두 유쾌하게 손을 든다. 농담을 해도 반응이 좋고, 잘 웃는다. 자연스럽게 반응을 보이는 것이다. 지금까지는 반응을 하지 않은 것이 아니라 몸이 굳어 있어 반응을 하지 못했을 뿐이다. 몸을 풀어 견갑골 주변의 긴장이 풀리면 사람들의 반응은 확실히 변한다. 견갑골이 날개처럼 자유롭게 움직이면 몸은 매우 가벼워진다.

권투 선수의 훈련 과정 중에는 꼭 줄넘기가 들어가 있다. 줄넘기를 하는 이유는 지구력, 순발력을 기르면서, 동시에 몸을 움직여 상반신의 긴장을 풀고, 어깨 주변을 부드럽게 하기 위해서이다. 이것은 학생들에게만 해당되는 이야기가 아니다.

반응은 습관이다. 평소에 반응을 잘 하지 않는 사람은 어깨 주변이 딱딱하게 굳어 있는 경우가 많다. 20대에서 40대가 중심인 비즈니스 세미나에서도, 60대 이상의 남성만 모여 있는 강연에서도, '점프, 점프, 어깨 풀고~'의 효과는 언제나 즉시 나타난다. 가벼운 점프로 몸을 풀어 '쉽게 반응하는 몸'을 만들어보자.

회의 시작 전 잠시 화장실에 들러 '점프, 점프, 어깨 풀고~'를 한 후 보고를 해보면 어떨까. 목소리도 표정도 밝고 가벼워지면서 자신감도 한층 생길 것이다.

체온이
생각도
변화시킨다

    다른 사람이 말을 걸어도 쉽게 반응하지 못하는 가장 큰 이유 중 하나는 '차가운 몸'이다. 몸이 차면 근육이 움츠러들어 움직임이 경직된다. 가벼운 점프가 좋은 이유도, 몸에 열이 나면 혈액순환이 원활해져 움직임이 부드러워지기 때문이다.

    차가운 몸은 대면력을 키우는 일에 전혀 도움이 되지 않는다. 의식적으로 몸을 자주 움직이고, 점프를 하거나, 팔과 허리를 돌리고, 손을 털어보자. 특히 손이 차가울 경우 반응도 느려지고 기분까지도 쉽게 침울해지기 쉽다. 팔을 쭉 뻗고 손가락 하나하나를 뿌리부터 잡고 뒤로 젖혀 주거나, 엄지를 제외한

네 손가락을 잡고 뒤로 쭉 젖힌다. 이렇게 하면 손끝이 빨개지며 서서히 열이 손 전체로 퍼져 나간다. 열기가 퍼진 손으로 뺨에서부터 입 주변까지 얼굴을 두세 번 정도 주물러주면 표정도 부드러워진다. 어깨 근육과 손이 풀리고, 얼굴의 긴장이 사라지면 사람과 직접 마주했을 때 자연스럽게 행동할 수 있다.

나는 겨울이 되면 일회용 손난로를 가지고 다니면서 손을 녹이고, 체온이 떨어지지 않도록 노력한다. 현대인들의 체온은 계속 내려가고 있다. 50년 전에는 어른의 평균 체온이 36.8도였는데, 요즘에는 체온이 높은 사람도 36.5도이고, 평균적으로 35도 정도에 불과하다고 한다. 주로 몸을 움직이며 일을 하던 옛날에 비해, 요즘엔 두뇌 활동을 주로 하는 일이 많아진 데다 식생활도 변했기 때문일 것이다. 체온이 낮아진 것과 타인과의 관계 속에서 반응이 느려진 것은 결코 무관해 보이지 않는다.

콜로라도 대학의 연구원들은 엘리베이터에서 메모를 해야 하니 잠시 커피를 들어주겠냐는 부탁을 한 후 상대방의 인상에 대해 묻는 실험을 했다. 따뜻한 커피와 차가운 커피 두 종류를 준비하고, 다양한 사람의 반응을 살펴보았다. 그리고 사람들에게 커피를 건네준 사람의 인상을 물어보니, 따뜻한 커피를 건네준 사람은 '온화해 보이고, 친근감이 느껴진다'고 평가했다고 한

CHAPTER 1 왜 얼굴을 마주하고 대화를 나누는 일이 이렇게 어려울까

다. 이 실험은 체온이 우리의 생각까지 만들어내고 변화시킬 수 있음을 보여준다.

아주 찰나의 순간, 따뜻한 음료의 온기를 느끼는지 얼음처럼 차가운 느낌을 주는지에 따라 처음 보는 사람의 인상까지 만들어낼 수 있다니 참으로 흥미롭다. 따뜻한 음료를 들고, 마시며 대화를 해야 상대에 대해 더욱 친근감을 느낄 수 있고, 관용적인 태도를 보이게 된다는 사실을 알 수 있다. 누군가와 만나서 대화를 나눌 때 따뜻한 음료를 건네주면, 대화가 자연스럽게 흘러갈 가능성이 커진다.

/ 아주 찰나의 순간, 따뜻한 온기를 주느냐,
얼음처럼 차가운 느낌을 주느냐에 따라
첫인상까지 변화시킬 수 있다. /

몸을 움직여
배꼽을
마주한다

다른 사람의 이야기를 들을 때 반드시 지켜야 할 것들이 있다. '눈을 본다', '미소 짓는다', '고개를 끄덕인다', '맞장구를 쳐준다' 이 네 가지는 마주 보고 이야기할 때 꼭 지켜야 할 기본이다. 하지만 나는 최근에 한 가지 중요한 것이 빠져 있다는 사실을 깨달았다.

'배꼽이 상대를 향하게 하는 것!'

즉, 몸의 중심축이 상대를 향하게 하는 것이다. 얼굴은 상대방을 향해 있어도, 몸이 다른 곳을 향해 있으면 진지하게 이야기를 듣는 것처럼 보이지 않고, 어딘가 모르게 '마음이 딴 곳에

가 있다는 느낌이 든다. 고개만 살짝 움직여 상대의 얼굴을 보는 것이 아니라, 항상 자신의 배꼽이 상대를 향하도록 몸을 움직여야 한다.

대인관계에 자신이 없는 사람은 상대의 눈을 좀처럼 잘 보지 못한다. 하지만 그런 사람이라도 배꼽을 상대 쪽으로 돌리고 마주 보면 바로 '이야기를 잘 들어주고 있다'는 인상을 줄 수 있다. 회의 때에 누군가가 발언을 하면 가볍게 엉덩이를 움직여 배꼽이 발언자를 향하도록 해보자. 그리고 강의나 강연처럼 많은 사람들이 함께 모여 이야기를 들을 때에도 말을 하는 사람을 향해 배꼽을 돌리고 이야기를 들어보자.

이 간단한 행동 하나만으로 '당신의 이야기를 잘 듣고 있다'는 느낌을 상대에게 전해줄 수 있다. 이러한 행동은 나 스스로에게 그 자리에 참가하고 있다는 일체감이 들게 만들기 때문에 분위기와 쉽게 동화되게 만들기도 한다. 여러 사람과 함께 있지만 당신과 내가 '일 대 일'로 마주하고 있다는 것을 보여줄 수 있는 자세이다.

커다란 강연장에 가보면 양쪽 끝자리는 무대가 잘 보이도록 안쪽을 향해 곡선을 그리듯 배치되어 있다. 그것은 관객이 무대를 잘 볼 수 있도록 하고, 소리를 잘 들을 수 있도록 해줄 뿐만 아니라, 무대에 서는 사람도 강연을 진행하기 쉽게 해준다.

중학교나 고등학교에서 강연을 하게 되면 나는 우선 일직선으로 쭉 늘어서 있는 의자를 움직이는 것부터 시작한다. "여러분, 양 끝의 줄에 앉은 사람은 의자를 30도 움직여 주세요.", "그 옆쪽은 20도씩 움직이세요."라고 말해, 배꼽이 강연자인 나를 향하도록 한다. 이렇게 하면 이전보다 강연장의 분위기가 훨씬 활기차진다.

대학의 세미나 수업 때에는 그룹 토론 방식을 주로 사용하기 때문에, 학생들은 그룹 단위로 서로 마주 보고 앉을 때가 많다. 그 상태에서 각 그룹에서 도출된 가장 좋은 의견을 발표하게 한다. 그렇게 하면 발표하는 학생에게 등을 돌린 채 의견을 들어야 하는 사람이 생긴다. 그럴 때면 '다른 사람이 이야기할 때 등을 돌리고 듣는 건 실례가 아닐까? 몸을 돌려 이야기하는 사람을 보자.'라고 말해 반드시 몸을 돌려 배꼽이 이야기하는 사람을 향하게 한다. 이렇게 했더니 학생들이 평소보다 훨씬 적극적으로 반응을 했다. 이야기를 듣는 '적극적인 수동성'이 발휘되어 열의에 찬 질문도 선뜻 나오게 된다.

아주 살짝 엉덩이를 움직여 몸의 방향을 바꾸게 한 것만으로도 그 자리에 있는 사람이 마치 다른 사람이 된 것처럼 확 바뀌었다. 이것 역시 습관을 들이면 전혀 어려울 게 없는 일이다. 당연한 일처럼 몸이 자연스럽게 움직이게 된다.

세미나 수업을 들은 한 학생은 "제가 취업에 성공한 원인은 '배꼽이 상대를 향하게 한 것' 덕분이라고 생각합니다."라고 말했다. 면접 때 일고여덟 명이 앉아 집단 토론을 하게 되었는데, 그 학생은 항상 배꼽이 말하는 사람을 향하게 했고, 면접관이 그 태도를 매우 인상적으로 보았던 것이다. 배꼽이 상대를 향하도록 노력한다. 이것은 타인의 말을 들을 때뿐만이 아니라, 내가 이야기할 때의 기본자세이기도 하다.

오바마 대통령은 뛰어난 연설로도 유명하지만, '움직임'의 효과도 최대한으로 활용한다. 그는 연설 중, 결코 정면만을 바라보지 않는다. 멀리 떨어져 있는 청중도 잘 보이도록 목뿐만이 아니라, 몸의 방향을 확실하게 바꾼다. 배꼽을 중심으로 몸을 좌우로 움직이고, 허공을 바라보는 것이 아니라, 시선을 고정시켜 '당신을 보고 있다'는 눈빛을 느끼게 한다. 많은 사람들에게 자신의 말이 전달되도록 의식을 주입하고 있는 것이다.

면접이나 중요한 프레젠테이션을 진행할 때에도 몸을 움직여 배꼽을 상대와 마주하고, 내가 당신과 소통하길 원하는 마음을 전달한다면 당신의 존재감을 더욱 확실히 각인시킬 수 있을 것이다.

오른쪽 눈을
2초간
바라본다

사람과 눈을 마주친다는 것은 의식의 '선'을 연결하는 것이라할 수 있다. 이것이 커뮤니케이션을 할 때 매우 중요하다는 사실은 누구나 알고 있다. 하지만 눈을 쳐다봐야 한다고 너무 의식하다 보면, 오히려 더 어색하게 된다. 너무 긴장한 나머지 상대를 노려보듯이 바라볼 수도 있고, 눈을 깜빡일 타이밍을 좀처럼 잡지 못해 연신 눈을 껌뻑거릴 수도 있다.

눈을 바라보기가 껄끄럽다면 한쪽 눈만 바라봐 보자. 상대의오른쪽 눈에 초점을 맞추고 2초 정도 바라본다. 상대에게 보이지 않는 의식의 선을 던지는 기분으로 똑똑히 상대와 눈을 맞추어 본다. 대화 중 가끔씩만 이렇게 해도 '내가 당신의 이야기를 듣고 있다'는 사실을 상대는 충분히 감지할 수 있다.

왜 오른쪽 눈일까? 사람은 왼쪽 시야를 중시하는 경향이 있다고 한다. 뇌는 왼쪽 시야에 비중을 두는 경우가 많아, 맞은편 상대의 오른쪽을 보는 게 자연스럽기 때문이다. 오른쪽 눈을 보기로 결정해 놓으면, 시선이 이리저리 움직일 염려도 없다.

왜 2초일까? 눈을 맞추는 일이 어색한 사람들에게 3초 이상은 매우 길게 느껴진다. 자신을 바라보는 그 시선에 부담을 느끼기도 하고, 불편하게 생각할 수도 있다. 배꼽을 상대에게 향하면 눈을 바라보기가 훨씬 수월하다.

세 명 이상이 모여 이야기를 할 때에는 시선이 골고루 분산되도록 조절해야 한다. A를 80% 정도 바라보고, B를 약 20% 정도 바라보았다면, B는 소외되고 대화에 참여하지 못한 느낌을 받게 된다. 보통 얌전하고 말이 적은 사람에게는 아무래도 시선이 덜 갈 수밖에 없다. 하지만 모두 똑같은 비율로 바라보기보다는 말이 적은 사람이나 반응이 크지 않은 사람, 구석에 앉아 있는 사람에게 더 많은 시선을 주는 것이 좋다. 이러한 사람들은 시선을 받는 것만으로도 반응이 크게 달라지기도 한다.

수업을 하는 중에 학생들의 반응이 전체적으로 좋지 않았던 적이 있다. '예스'인지 '노'인지 손을 들어 대답하는 간단한 질문에도 좀처럼 반응을 해주지 않았다. 그래서 그때 가벼운 실험을 해보았다. 교실을 걸으면서 이야기를 했고, 오른쪽 두 번째 줄에 앉아 있는 학생들에게만 한 사람씩 순서대로 2초간 시선을 주었다. 그 수업에는 약 60명 정도가 참가했는데, 오른쪽 두 번째 줄 외에는 대략적으로 둘러볼 뿐, 개별적으로 눈을 맞추지 않았다.

그렇게 오른쪽 두 번째 줄의 학생들에게만 시선을 준 후 다시 질문했다. "이번 이야기에 대해 찬성인지 아닌지 대답해주십시오. 찬성인 사람은 쾅, 하고 책상을 두드려 주십시오." 그랬더니 오른쪽 둘째 줄 학생들이 압도적으로 많이 책상을 두드렸고, 그 외의 다른 학생들은 거의 책상을 두드리지 않았다.

보통 찬성인지 아닌지의 비율이 반반이라면, 교실 여기저기에서 두드리는 소리가 들려야 정상이다. 하지만 실제로는 나와 눈을 맞춘 학생들만이 반응을 보였다. 눈을 마주쳤다는 사실을 인식하면 사람은 반응을 보일 수밖에 없게 된다.

눈을 맞추는 것은 '의식을 주입'하는 것이다. 시선을 나누면 자연스럽게 반응이 나타난다. 집중력이 없어 수업에 잘 참여하지 못하는 사람에게는 더 많은 시선을 줄 필요가 있다.

그렇게 하면 의식이 강연자를 향하게 된다. 눈빛을 주고받으며 대화를 하면 금세 대화는 무르익고, 서로 빠르게 친해질 확률도 높아진다. 배꼽을 상대에게 맞추고 눈 맞춤을 2초간 하는 것만으로도 서로에게 주는 인상은 확 바뀔 수 있다.

눈앞의
상대가
가장 중요하다

메시지나 SNS를 통해 끝없이 연락을 주고받는 일이 많아진 만큼 요즘엔 커뮤니케이션 매너도 계속 변화하고 있다. 예를 들어 회의나 미팅 중에 전화가 걸려오면 대부분은 받지 않지만, 문자나 메시지가 오면 확인을 한 뒤 답변을 보내는 일이 많다. 이것은 허용되는 행동일까, 아닐까.

모든 것을 일률적으로 정해 놓을 수는 없다. 기다리고 있던 중요한 연락일지도 모르고, 지금 당장 연락을 해야 하는 일일 수도 있다. 하지만 마주 보며 대화하고 있는 사람보다 더 우선해야 할 용무는 사실 그렇게 많지 않다. 나에게는 아주 중요한 일이라 해도, 지금 눈앞에 있는 상대는 아무런 관계가 없는 일이다. 자신의 이야기를 진지하게 들어주지 못할 사람이라는 인상을 남기는 것은 좋지 않다.

대면력은 서로에게 좋은 인상을 주고, 이야기를 하면 할수록 계속 좋은 아이디어가 떠올라 분위기를 무르익게 해주며, 서로 마음을 편하게 가질 수 있게 해주는 힘이다. 즉, 사람과 소통하여 좋은 효과를 거둘 수 있게 해주는 접촉 방법이다. 정신이 다른 곳으로 가 있다는 것은 어떤 의미론 꾸벅꾸벅 조는 것보다 실례되는 일이 아닐까.

지금 열리고 있는 회의의 내용에 관해 인터넷으로 조사를 해야 하는 일이 있을 수도 있다. 그럴 경우에는 조사해서 알게 된 내용을 그 자리의 모든 사람에게 대략적으로 알려 정보를 공유해야 한다. 가끔은 스마트폰으로 메모를 하는 사람도 있는데, 마주 보고 이야기를 하면서 스마트폰을 만지고 있으면 아무래도 좋아 보이지는 않는다.

가장 첫 번째로 생각해야 할 사람은 바로 눈앞에 있는 상대다. 커뮤니케이션 매너로서 그 사실을 더 확실히 인식해둘 필요가 있다. 문자나 메시지는 자신이 편한 시간에 읽고 편한 시간에 답변을 보낼 수 있다는 장점이 있다. 끝없이 대화를 주고받

/ 눈앞의 상대가 가장 중요하다는
사실을 잊지 말자. /

아야 하는 연락 수단이 아니다.

　방송 프로그램을 녹화하는 스튜디오에는 휴대전화를 들고 갈 수가 없다. 녹화 방송이더라도 출연 중에는 절대 휴대전화를 사용할 수 없다. 휴대전화를 사용할 수 있을 때와 없을 때를 철저히 구분해야 눈앞의 상대에게 더욱 집중할 수 있다. 만약 꼭 연락을 해야 할 긴급한 일이 있다면, 눈앞의 상대에게 '긴급한 연락이 있어서 그러는데 잠시 전화를 걸어도 될까요?' 하고 이야기를 한 뒤, 양해를 구하는 것이 좋다.

　상대와 마주하게 됐을 때, 상대가 불쾌하게 생각할지도 모르는 일은 최대한 피하는 것이 매너이다. 평소에 직장 동료나 친구와 이야기를 하면서도 자주 스마트폰을 만지작거리는 사람은, 일을 할 때에도 마찬가지 행동을 할 때가 많다. 마음이 넓은 친구는 이해해줄지도 모르지만, 일 때문에 만나는 사람 앞에서 그렇게 행동을 했다간 다음에는 같이 일을 하지 못하게 될 가능성도 있다. 눈앞의 상대가 가장 중요하다는 사실을 잊지 말자.

부족한 대면력을
보완해주는
'예절'

우리는 어렸을 때부터 상대에게 반응을 하도록 교육을 받는다. 이름을 듣고 "네"라고 대답하는 것도, 아침에 일어나 "안녕히 주무셨어요." 하고 인사하는 것도, 다른 사람에게 무언가를 받았을 때 "감사합니다." 하고 인사하는 것도, 모두 학습의 성과이다. 이렇듯 다른 사람에게 반응하는 연습을 하면서 사회의 매너, 규칙을 몸에 익힌다. 그 집대성이 바로 '예의범절'이다.

다행히도 '예절'에는 모두 기본적인 '틀'이 있다. 그 틀에 맞추면 대인 관계에 자신이 없어 어떻게 행동하면 좋을지 망설이는 사람도 최소한 상대에게 실례되지 않도록 행동할 수 있다. 예절이란 상대를 불쾌하게 만들지 않는 태도, 예의바르게 느껴지는 태도로, 그것만 잘 지킨다면 상대에게 질책을 들을 일은 별로 없다고 생각해도 된다.

'예절'은 다양한 상황에서 부족한 대면력을 보완해주는 커뮤니케이션의 만능 방어 기술이다. 너무 예의범절을 따지는 것은 옛날 방식이라 생각하면서 예절의 기본을 배우려 하지 않는다면, 나를 지켜주는 첫 번째 방어 기술을 버리는 것과 다름없다. 예의를 차리지 않고 자유롭게 대하는 것이 더 편할 것 같지만, 너무 큰 자유는 정신적으로 더 쉽게 지치게 만들기도 한다. 자유롭게 대화를 나누면 나의 실력이 고스란히 드러날 수밖에 없기 때문이다.

"검도는 '예'에서 시작되어 '예'로 끝난다고 하는데, '예'를 갖춘 뒤에 하는 일은 상대의 머리를 때리는 것이다." 상대의 머리를 죽도로 때리는데도 상대가 화를 내지 않는 이유는 '예'를 갖추고 싸우기 때문이다. 검도뿐만 아니라 무도(武道)와 '예'는 떼려야 뗄 수 없는 관계인데, 싸우는 기술을 연마하는 기예이기 때문에 더욱 예의 있는 태도가 필요한 것이다.

'예의'를 다하면 다른 사람에게 호감을 얻을 수 있다. 예의범절이라고 해서 격식의 틀만 존재하는 것은 아니다. 왜 이렇게 하는 것이 바람직한지, 이유가 있다. 상대에게 실례를 범하지 않기 위해서는 어떻게 하는 게 좋을지 이치에 맞는 생각에 근거를 두고 있는 것이다. 틀을 몸에 익힘으로써 그 정신을 이해하면 행동에 마음이 깃든다. 그것이 예의범절의 이상적인 모습이다.

예의범절은 빠르게 반응을 하면서 상대를 기분 좋게 하기 위한 사회적 합의 사항이자 공통 규칙이다. 대부분의 현대인들은 예절의 형태를 통해 대면력을 길러 왔다. 고대 무술과 전통 예술을 보면 모두 틀을 습득하는 가운데 '예'의 정신을 배우도록 짜여 있다. 즉, 배움이란 그 탁월한 전문 기술뿐만이 아니라, 예의를 배우는 것이기도 했다.

현대인이 얼굴을 마주하는 커뮤니케이션을 껄끄러워하는 이유는 이 예의범절의 틀을 거의 잃었기 때문이다. 예절의 본질은 이 세상을 살기 편하게 만들기 위한 사회적 합의다. 정중하고 예의 바르게 인사를 하며 고개를 숙이는 것은 우리가 이 사회에서 살아가기 위한 방법이다. 인사를 절대 소홀히해서는 안 된다.

장소와 상황에 따라 탄력적으로 상대를 대한다

    다른 사람과의 거리감을 어느 정도로 유지해야 하는지 잘 모르겠다고 하는데, 타인과의 거리는 항상 일정한 것이 아니라 고무처럼 늘어났다 줄어들었다 한다. 그 이유 중 하나는 개인차 때문인데, 그 사람이 살아온 환경이나 그 사람이 다른 사람을 접촉해온 방법, 경험 등에 따라 거리감이 가까운 사람도 있고 먼 사람도 있는 등 모두 다르다. 첫 만남 때부터 매우 소탈하게 행동하며 순식간에 거리를 좁혀 오는 사람이 있는가 하면, 몇 번을 만나도 서먹서먹하게 대해 좀처럼 친해지기 힘든 사람도 있다.

또 한 가지는 사람의 상태이다. 똑같은 장소라도 마음의 상태, 몸의 컨디션, 감정의 변화에 따라 다른 사람과의 거리 감을 어떻게 조정할지 매번 바뀐다. 가까워졌다가도 멀어지 는 등, 끝없이 변화한다. 따라서 언제나 똑같은 방법으로 상 대를 대하면 계속 서로 불편할 수 있다. 때문에 때에 맞춰서 상대를 대하는 모습을 변화시켜야 서로가 만족할 만한 관계 를 유지할 수 있다.

분위기 파악을 잘하고, 못하고의 차이는 바로 서로의 거리감 을 바로 파악해내는 감이 잘 작동하느냐에 달려 있다.

대면력이 높은 사람은 다른 사람과의 커뮤니케이션 경험을 거듭하면서 감지력을 갈고 닦은 사람이다. 감지력이 높은 사람 일수록, 다른 사람에게 호감을 사기 쉽다.

상대와의 거리감을 고무줄처럼 자유자재로 늘이고 줄이려면 어떻게 하는 것이 좋을까. 바로 격식을 버리는 것이다. 즉, 허물 없이 마음을 터놓아야 한다. 항상 정장을 갖춰 입은 것처럼 심 하게 예의를 차리고 딱딱하게 대해서는 안 된다. 평소에는 예의 바르고 정중하게 대해야 할 상대라도 조금 긴장을 풀고 대해도 될 때가 있다. 그럴 때는 상대를 대할 때 조금 '흐트러진' 모습을 보여준다. 분위기가 너무 무겁다고 느껴졌을 땐, 취미나 좋아하는 것에 대해 질문을 던져본다. 말투도 실례라고 생각되지 않을 만큼 친근하게 바꾸어보는 것도 좋다.

개인적으로는 분위기가 무거울 때 아무렇지도 않게 사투리로 말을 하는 사람을 좋아한다. 사투리에는 분위기를 누그러지게 하는 힘이 있다. 뿐만 아니라 고향이 어디인지, 고향에서만 쓰는 말들은 무엇이 있는지 등 사투리에서 시작된 이야기로 자리의 분위기 자체가 달라진다. 반대로 아무리 사이가 좋은 친구라도 회의 자리에서 서로 직책을 부르고 경어를 사용하면 분위기가 매우 무거워진다.

장소와 상황에 따라 탄력적으로 상대를 대한다. 그렇게 상대와 상황에 따른 대면력을 키우다 보면 그에 맞는 감각을 예리하게 만들 수 있다.

학생들을 가르치는 선생님에게는 완급 조절이 매우 중요하다. 아이들과 친해지기 위해 너무 가깝게만 대하면, 엄격하게 대해야 할 때 아이들을 통제할 수 없다. 반대로 아이들이 접근하기 어려운 분위기를 만들면, 아이들의 변화를 예리하게 감지할 수 있는 친근한 관계가 되기 힘들다. 평소엔 다정하지만, 엄격할 때는 엄격할 수도 있는 상황에 따라 거리감을 조절할 수 있어야 한다. 상대가 무엇을 원하는지 예민한 감으로 파악하고 불편함을 주지 않도록 해야 한다.

　내 마음을 알아주고 분위기를 편하게 만들어주는 것만큼 큰 감동을 주는 일은 없다. 장소와 상황에 따라 탄력적으로 사람을 대함으로써 더욱 친밀한 관계가 될 수도 있다.

대면력이
낮은 사람은
잘 웃지 않는다

    도쿄 디즈니랜드에서는 아르바이트를 채용할 때 특별한 소질을 요구하지 않는다고 한다. 기본적으로 지원한 모든 사람을 채용할 만큼 '누구나 환영'한다. 단, 면접 때에는 딱 한 가지 난관이 기다리고 있다. 그것은 바로 '웃을 수 있습니까' 하는 질문이다. 사람을 보고 웃지 못하는 사람의 경우는 손님에게 불만족스럽다는 인상을 줄 우려가 있어, 채용을 하지 않기도 한다고 한다.

    디즈니랜드에서 딱 하나 원하는 것은, 바로 다른 사람을 보고 웃을 수 있는가이다. 대부분의 기업도 비중은 조금씩 다르겠지만 잘 웃는 사람을 원한다. 일에 필요한 구체적인 기술과 업무 능력은 채용한 뒤에도 가르쳐줄 수 있다. 하지만 웃지 않는 사람을 자연스럽게 웃게 만들기는 매우 어렵다. 그런 사람들은 웃지도 못할 뿐만 아니라, 다른 사람의 이야기에도 대체로 반응이 별로 없다. 사람과의 거리감을 잘 파악하지 못하며, 어떻게 하면 고객을 만족시킬 수 있을지 잘 파악하지 못한다. 즉, 대인관계가 약한 것이다.

반응이 좋은 사람은 이해가 빠르기 때문에 가르치기 쉽지만, 웃지 않는 사람 즉, 대면력이 낮은 사람을 가르치는 일은 매우 어렵다. 기업 채용 담당자가 '대면력이 좋은 사람을 뽑습니다'라고 말하진 않지만, 잘 웃는가를 유심히 살펴보는 것으로 대면력을 확인하고 있다. 웃음은 상대에게 잘 반응하는가, 그렇지 못한가를 판단하는 기준이 되기도 한다. 이런 점이 충족됐을 때 비로소 채용을 하고 일을 가르치기 시작한다.

그런데 회사에 지원하는 사람 대부분이 자신의 기술이나 능력을 전면에 내세운다. 채용 담당자는 '웃음'이라는 기본이 되는 자질을 보고 있다는 점도 모르고 말이다. 기술을 갈고 닦기 전에 먼저 웃을 수 있는 사람이 되기 위해 노력해야 한다.

어떻게 웃어야 하는지 좋은 인상을 주는지 지도해주는 사람

/ 재미있는 일이 있어 웃는 게 아니라,
웃으면 기분이 밝아진다. /

도 있다. 물론 배우지 않는 것보다는 낫겠지만 웃음의 '형태'에
만 집착해서는 안 된다. '입꼬리를 올리는 정도'나 '이를 얼마나
보여야 하는가'처럼 세세한 부분에만 집착하는 경우도 있는데,
입꼬리를 올려 표정 근육을 움직인다고 해서 반드시 이상적인
웃음을 지을 수 있는 것은 아니다.

　얼굴 표정에만 신경을 쓰는 게 아니라 견갑골에 천사의 날개
가 돋아 있는 것처럼 부드럽게 긴장이 풀려 있는가, 명치에 단
단하게 힘이 들어가 있지 않은가 등, 몸 전체를 유기적으로 살
펴봐야 한다. 잘 웃지 못하는 사람은 대부분 견갑골이나 명치
에 잔뜩 힘이 들어가 있다. 입꼬리가 올라가는 것은 웃음의 결
과일 뿐이다. 그것에만 집착해 부자연스럽게 웃음을 지으면 간
혹 상대의 기분을 상하게 할 수 있다. 입만 움직여 웃으려 하지
말고 온몸으로 웃어야 한다.

　웃음엔 종류가 매우 많다. 긴장이 풀린 자신의 감정을 어떻게
표현할 것인가는 그때그때마다 다르다. 가볍게 생긋 웃는 미소
에서부터, 깔깔깔 크게 웃는 것까지. 상황에 따라 다양한 웃음
을 지을 수 있다. 그것이 바로 상황에 따른 대처가 된다. 재미있
어서 눈물이 나올 만큼 웃을 때, 누가 입꼬리가 얼마나 올라갔
는지를 신경 쓸까.

웃는 연습을 하려면, 적절한 타이밍에 웃기, 소리 내어 웃기 등을 연습해보는 게 어떨까. 웃음에 다양한 변화를 줄 수 있는 방법을 연구해 보는 것이다.

웃으면 사람의 몸도 변한다. 일부러 큰 소리를 내서 웃다보면 점점 표정이 밝아진다. 입을 크게 벌리고 큰 목소리로 배에서 우러나온 '와하하하하' 하는 소리를 내면, 몸의 긴장이 풀려 진짜로 기분이 밝고 상쾌해진다. 재미있는 일이 있어 웃는 게 아니라, 웃으면 기분이 밝아진다.

웃으면 뇌에 산소가 대량으로 공급되어 호흡이 깊어지기 때문에 몸이 편안해진다. 그래서 이른바 '뇌 심호흡' 상태가 된다. 그래서 프로 연주가들 중에는 공연을 하기 전 대기실에서 일부러 크게 웃기도 한다. 그렇게 해야 긴장이 덜 된다는 것이다. 시험이나 면접을 볼 때, 그리고 중요한 프레젠테이션이 있을 때는 미리 크게 웃어 보자.

누구와
있더라도 최선을
다한다

'웃긴다'는 것은 상대가 몸과 마음을 열 수 있도록 긴장을 풀어주는 것이다. 몸의 긴장이 풀리면 친근감을 느끼기 쉽고, 나를 웃게 만들어 긴장을 풀어주는 사람과 같이 있으면 기분이 좋다. 그렇다면 말을 잘 못해 다른 사람을 잘 웃기지 못하는 사람은 어떻게 하면 좋을까.

'미소'라는 비책이 있다. 미소는 그 자리의 분위기를 적극적으로 바꿀 수는 없지만 부드럽고 순식간에 분위기를 바꿀 수도 있다. 밝은 미소를 짓는 것이 사회적 의무였던 때도 있었다. 요즘 시대에 사회적 의무라 생각하며 자신의 주변 사람들에게 밝은 미소를 끊임없이 지으려고 하는 사람이 과연 얼마나 될까. 자신이 즐거워서가 아니라 다른 사람을 위해 미소를 지었던 그 당시의 모습이 아름답다고 생각된다.

손님을 후하게 대접하는 관습은, 다른 사람에 대한 배려가 계속 축적되었기에 만들어진 문화라 할 수 있다. 어떠한 인연으로 만나게 된 사람과 같이 있을 때는 언제나 최선을 다하려는 마음을 잊어서는 안 된다. 상대에 대한 '서비스 정신'을 잊지 말아야 한다.

차가운 사람, 너무 얌전해 패기가 느껴지지 않는 사람은 상대에 대한 서비스 정신을 찾기 힘들다. 자신이 나서서 분위기를 만들어나갈 생각이 없고, 다른 누군가에게 의지하려고 한다. 같은 곳에 머물러 있는 사람들이 모두 그런 생각을 하면 분위기는 어떻게 될까?

상대를 위해 미소를 짓자. 입꼬리만 살짝 올리지 말고 온몸을 이용해 웃자. 머리도, 어깨도, 등도 모두 들썩이면서 온몸으로 미소를 지어보자. 장수하는 분들의 비결을 물으면 수다와 웃음이라는 대답을 자주 듣게 된다. 웃음의 달인이 대면력의 달인이기도 하다.

상대방의
기분까지
신경 쓴다

많은 사람들이 하루를 기분 좋게 보내는 것이 행복의 기본이라고 생각한다. 이를 위해 내가 항상 하는 말은 '언제나 기쁜 마음을 유지하자'이다. '기쁜 마음'이란 타고난 성격과는 무관하다. 이는 사회생활을 잘 해나가기 위해 의식적으로 안정된 대인관계를 유지하는 커뮤니케이션 기술을 가리킨다.

즐거우면 기뻐하고, 불쾌한 일이 있으면 침울해하는 것이 아니라 다른 사람을 불쾌하지 않게 하기 위해 항상 기쁜 마음을 유지하는 것이다. 앞에서 나온 '웃음'과 마찬가지로, 조금 기분이 좋지 않은 날도 힘껏 기쁜 마음을 유지하려고 하면, 어느새 침울했던 마음이 사라진다. 이것을 기술처럼 습관화하면 성숙한 사람으로 발전하게 된다.

기쁜 마음을 유지하기 위한 요령은 자신의 기분을 즐겁게 유지하는 것이 아니다. 바로 상대가 기분 좋아질 만한 행동을 의식적으로 함으로써 상대의 기쁜 마음을 이끌어내 커뮤니케이션을 원활하게 하는 것이다. 상대가 바로 앞에 있는데 모르는 척하지 말고, 밝게 말을 걸고 미소를 나누어야 서로가 더 기분 좋지 않을까. 무뚝뚝하게 상대를 대하면 그 사람과 만나기가 껄끄러워져 자연히 상대를 피하게 된다. 성격은 밝지만 능력이 없는 사람도 문제지만, 능력이 비슷하다면 항상 밝고 마음이 즐거운 사람에게 훨씬 더 호감이 간다.

사람을 채용할 때도 능력이 같다면 무뚝뚝하고 퉁명스러운 사람보다는 직장의 분위기를 밝게 만들어줄 사람을 더 뽑고 싶은 법이다. 무뚝뚝한 사람은 지속적으로 신경을 쓰지 않으면 그런 성격이 그대로 굳어질 수 있다. 무뚝뚝한 사람의 마음 역시 부드럽지 못한 상태라 할 수 있기 때문에 더 많이 신경을 써야 한다. '부드러운 것이 강한 것을 이긴다'는 말의 의미를 잘 생각해보자.

일이 뜻대로 되지 않았을 때, 다 틀렸다고 생각했을 때가 기쁜 마음을 유지하는 기술을 익힐 절호의 기회이다. 모든 일이 잘 되어 갈 때는 당연히 마음이 기쁘고 즐겁다. 그렇지 않을 때야말로 "실패했지만 괜찮아.", "생각해보니 어쩔 수 없는 일이었어.", "또 다음 기회가 있잖아." 하고 훌훌 털어버릴 기회이다.

아울러 조금 껄끄러웠던 상대에게 더욱더 밝은 모습으로 접근해보면 어떨까. 상대가 무슨 말을 하기 전에 내가 먼저 밝게 말을 걸어 기쁜 마음을 전달하는 것이다. 그럴 때에는 상대와의 거리감이나 분위기를 고려해서는 안 된다. 먼저 말을 거는 사람이 승자다. 언제나 어디서나 기쁜 마음을 유지하면 대면력이 급속도로 좋아질 것이다.

사람을
마주하는 운동,
'대인 체력'을 기르자

    상대와 직접 대면하는 일에 쉽게 지치는 사람이 있는데, 이는 운동 부족으로 쉽게 체력이 바닥을 드러내는 상태와 같다고 할 수 있다. 건강을 유지하기 위해 조깅을 하거나 피트니스 센터에 가거나 그 외의 운동을 하거나, 배우는 사람들은 모두 체력이 강하다. 그런 사람들은 일을 할 때에도 처리해야 할 아주 많은 문제들 사이에서도 지친 기색 없이 일을 처리한다.

    반면 평소에 그다지 몸을 움직이지 않는 사람이나, 운동하는 습관을 지속적으로 유지하지 못할 정도로 건강 관리를 제대로 하지 않은 사람은 계단을 오를 때 갑자기 숨을 헐떡이거나, 아주 작은 일로도 금방 지친 기색을 보인다. 대인관계를 유지하려면 에너지가 필요하다. 일반적인 기초 체력과 마찬가지로 사람에게는 모두 각자의 '대인 체력'이라는 것이 있으며, 이를 단련한 사람일수록 쉽게 지치지 않는다.

옛날 사람들은 자주 걷고, 많이 움직였다. 말도 많이 했고, 서로 자주 도왔다. 대인 체력이 상당히 높았다고 할 수 있다. 왜냐하면 그것이 살아가기 위해 필수적인 것이기 때문이다. 현대인의 생활은 편리해졌지만, 다른 사람과 접촉하지 않아도 해결되는 일들이 매우 많이 늘었다. 그 결과 대인 체력이 점점 약해지고 있다.

예를 들어 물건을 살 때 '점원과 얼굴을 마주 보고 대화를 나누기가 번거롭다'고 말하는 사람이 있다. 인터넷으로 물건을 구입하면 한마디도 하지 않아도 되며, 누군가가 자신이 원하는 물건 이외의 것을 추천하는 일도 없다. 게다가 택배로 배송을 해주니, 집에서 한 발짝도 나가지 않고도 물건을 구입할 수 있다. 가게에 가서 점원과는 한마디도 하지 않고 물건만 확인한 후 집에 와서 인터넷으로 구입하는 사람도 있다.

다른 사람과 만나고 대화하기를 귀찮아하고 멀리하면, 대인 체력은 계속해서 약해질 수밖에 없다. 만약 1년간 하루 종일

컴퓨터 앞에 앉아 인터넷만 하며 지낸다면 어떻게 될까. 자신이 주체적으로 다른 사람을 만나지 않아도 놀 수 있는 것들은 무한하다. 게다가 쇼핑도 가능하고, 나름의 커뮤니케이션도 즐길 수 있다. 비록 기계적이고 무미건조하긴 하겠지만, 진짜 사람과 직접 맞부딪히며 상대의 반응에 신경을 쓸 필요도 없다. 아마 굉장히 무미건조한 삶일 것이다.

그 사람이 1년 후에 사회에 복귀한다면 어떻게 될까. 아마도 자신이 사회와 매우 괴리되어 있다는 느낌을 받는 동시에 대인 관계를 유지하는 데 굉장한 부담감을 느끼게 될 가능성이 매우 높다. 다른 사람과 접촉했을 때 피로를 느낀다면, 그것은 성격 때문이라기보다 대인 체력의 부족, 즉, 사람을 마주하는 운동이 부족했기 때문이라 할 수 있다.

대학 진학은 부모의 품에서 벗어나 자유를 만끽하고, 약간의 독립감도 느낄 수 있는 기회다. 비록 학생이지만 반은 어른의 세계에 발을 들인 셈이기 때문에 매우 큰 대인 체력이 필요하다. 그래서 옛날 학생들은 같이 모여 게임을 하거나 밤새도록 술을 마시며 대인 체력을 길렀다.

반면 최근에는 대학교가 취업을 위한 공간이 된 면이 많아서인지, 대학 시절에 어른이 되기 위한 대인 체력을 기르고자 하는 사람들이 매우 적어졌다. 사람을 사귀기 위해서는 '체력'이 필요하며 이를 단련하고 갈고 닦아야 한다는 인식이 거의 없다. 자신과 친한 일부 사람과만 어울리면 대인 체력은 단련되지 않는다. 사람들과 어울리는 것도 자신을 단련하는 운동이라고 할 수 있다. 대인 체력을 높이기 위해 노력해보자. 체력이 붙으면 쉽게 피로를 느끼지 않게 되는 법이다.

CHAPTER

2

내 마음이
편해지는
대면력

/

어휘의 공유는 감각의 공유로 전이된다

이름을 불러 상대와의 거리감을 좁힌다

자신의 생각만 쉬운 말로 표현하자

침묵은 행동으로 깨는 것이다

대화의 속도를 유지하기 위한 자동화 연습

커뮤니케이션에 '하지만'은 필요 없다

쓸데없는 서론은 필요 없다

화제의 흐름을 막지 않는다

흘려버린다는 것은 집착하지 않는다는 것이다

15초 안에 메시지를 정리한다

/

어휘의 공유는
감각의 공유로
전이된다

    대화를 할 때 가장 중요한 매너는 '잘 듣고 있다'는 사실을 상대에게 전달하는 것이다. 고개를 끄덕이고, 맞장구를 쳐주고, 적절히 추임새도 넣어준다. 이러한 행동은 상대의 말을 잘 듣고 있다는 표현이 되며, 상대의 말을 따라하는 것으로 공감하고 있음을 드러내는 것이다.

    상대가 한 말의 일부를 그대로 따라해 보자. "가장 큰 문제는 스트레스 해결 방법을 찾는 일이야."라고 말했다면 "스트레스 해결 방법이요?"라고 맞장구를 쳐준다. 마음속으로 상대의 말을 되새기면서 그의 감정을 공감하고 있다는 것이 드러나야 한다. 상대가 하고 싶었던 말을 적절하게 선택해 따라하면 이야기를 한 사람은 상대가 자신의 말을 정확하게 들어주었다는 생각을 하게 된다.

어휘의 공유는 감각의 공유로 쉽게 전이된다. 사람의 뇌에는 거울뉴런이라는 게 있다. 상대의 행동을 보고 있을 때와, 자신이 그것과 똑같은 행동을 했을 때의 뇌가 같은 반응을 보이는 현상을 말한다. 상대가 고개를 끄덕이면 같이 끄덕이고, 웃으면 같이 웃는다. 상대가 잔뜩 들떠 소리를 지르면 같이 소리를 지른다. 그러면 그 감정과 생각을 함께 공유하고 있다는 느낌이 강하게 든다.

거울뉴런처럼 상대의 행동을 흉내 내면 상대의 호감을 얻을 수 있다. 즉, 사람은 자신과 비슷한 행동을 하는 사람을 좋아한다. 사람은 누구나 자신을 긍정해주길 바란다. 사람은 본능적으로 자신과 파장이 잘 맞는 사람을 친근하게 생각한다. 자신과 비슷한 행동을 하는 상대를 보면 '이 사람과 같이 있으니 마음이 편하다'라는 감정이 싹튼다.

상대의 이야기가 잘 이해되지 않거나, 맞장구를 쳐줄 적절한 말이 생각나지 않을 때, 말을 따라하며 시간을 벌 수도 있다. 일단 상대의 말을 따라한 다음, 머리를 재빠르게 회전시켜 다

/ 상대가 고개를 끄덕이면
같이 끄덕이고, 웃으면 같이 웃는다.
상대가 잔뜩 들떠 소리를 지르면
같이 소리를 지른다.
그러면 그 감정과 생각을
함께 공유하고 있다는 느낌이
강하게 든다. /

음 말을 찾는 것이다. 불과 몇 초의 시간이지만 그 시간 동안 정보를 정리해서 다음 말을 찾아낼 수 있다. 단, 말을 너무 많이 따라하다 보면 때로 상대를 불쾌하게 만들 수도 있다. 과하게 반복해서 상대의 말을 따라하기만 해서는 안 된다. 상대의 신경을 거스르면 역효과만 날 뿐이다.

타이밍의 문제도 있다. 상대가 잠시 숨을 고르고 다음 이야기를 하려고 하는데 중간에 말을 끊으며 말을 따라하면 아무래도 대화의 흐름을 끊게 되고, 기분까지 상하게 만들 수 있다. 말투도 신경 써야 한다. 상대를 조롱하듯 말하고 있지는 않은지 잘 살펴보아야 한다.

적절하게 상대의 말을 따라하려면 상대의 말을 잘 들어야 한다. 그리고 감정을 공유한다는 마음으로 말을 적절히 따라해야 한다. 이것이 바로 상대가 계속 말을 하게 하는 기술이다.

이름을 불러
상대와의 거리감을
좁힌다

나는 대화를 할 때 의식적으로 최소한 세 번은 상대의 이름을 부른다.

"○○ 씨는 이것에 대해 어떻게 생각하시죠?"

"그런 상황이 닥쳤을 때 ○○ 씨는 어떻게 할 생각인가요?"

"○○ 씨의 그 아이디어에는 저도 찬성합니다."

상대의 이름을 부르면 서로의 거리감이 좁혀져 친밀함을 느끼기 쉽다. 나는 처음으로 만나는 사람과 명함을 교환한 뒤에는 명함을 눈앞에 두고 의식적으로 몇 번이고 상대의 이름을 부르려고 한다. 그렇게 하면 상대의 이름을 외우기도 쉬워진다.

회의를 할 때, 반드시 이름을 섞어 발언을 하게 했더니, 그것만으로도 토론에 활기가 돌았다. 'A안에 찬성합니다.'라고 하기보다 '○○ 씨의 말씀에 저도 찬성합니다.'라고 말하는 편이 더 강하게 자신의 의견을 인정받았다는 느낌을 받게 된다.

이름을 부를 때 직책을 부를 것인지, 아니면 이름만 부를 것인지로 상대와의 거리감이 좌우된다. 예를 들어 대학 시절의 선배를 오랜만에 만났을 때 처음 호칭을 어떻게 하느냐에 따라 이후에 서로 얼마나 친밀하게 대할 수 있는지가 크게 좌우된다. 당시에 서로를 부르던 호칭으로 부르면 순식간에 세월의 공백을 메울 수 있다.

우리는 이름을 부르지 않고도 대화를 나눌 수 있다. 부부라면 대부분, '여보', '당신', '오빠' 등으로 부르다가 아이가 태어나면 '○○ 아빠', '○○ 엄마'라고 부른다. 평소에도 인사를 할 때 '안녕하세요, ○○ 씨'라고 일일이 상대의 이름을 부르는 경우는 드물다.

하지만 영어를 쓰는 문화권에서는 인사를 할 때 항상 이름을 부른다. 친근한 관계를 맺고자 하는 미국에서는 비즈니스 관계일 때에도 직책을 부르기보다는 가볍게 이름을 부르는 경우가 많다. 외국에 비해 상대를 마주할 때 격식을 차리는 경우가 많은 편인 우리는 상대의 이름을 더 많이 부를 필요가 있다.

나는 수업 시간에 각자가 불리기 원하는 이름으로 자기소개를 하라고 한다. 기억하기 쉽고, 친근한 호칭을 지은 사람은 발표를 한 뒤에 '좋은 발표였다'는 평을 듣는 경우가 많다. 친근한 호칭일 경우 그 사람의 의견까지도 쉽게 받아들여질 수 있다는 것이다. 스스로 '○○라고 불러 주세요'라고 말하는 것으로 상대와의 거리감을 좁혀보는 것도 좋다.

자신의 생각만
쉬운 말로
표현하자

세븐&아이홀딩스의 스즈키 도시후미 회장은 어렸을 때 소극적이었고 '울렁증'이 매우 심했다고 한다. 그의 저서에는 이런 이야기가 적혀 있다.

"중학교에 진학할 때 면접을 봤는데 머릿속이 하얘져서 아무런 대답도 할 수 없었습니다. 아무 생각이 나질 않았죠. 시험이 끝나고 교실 밖으로 나가려는데 면접관이 '자네는 왜 대답을 안한 거지?' 하고 화를 낼 정도였습니다. 이 면접으로 저는 큰 충격을 받았습니다.

이래선 안 되겠다 생각을 했지요. 중학교에 올라간 저는 울렁증도, 소심한 성격도 극복하자고 결심했습니다. 그래서 진학 후에 웅변부에 들어갔습니다. 글을 쓰는 건 좋아했기 때문에 연설 원고를 만드는 것은 그다지 힘들지 않았지요. 그런 노력을 하니 조금씩 자신감이 생기기 시작했습니다. 지역 웅변대회에서는 3위에 입상했습니다.

하지만 심사원이 따끔한 지적을 해주더군요. '논지는 아주 좋았습니다. 말투도 아주 좋았어요. 하지만 문제가 있습니다. 청중을 전혀 보지 않고 창밖을 보고 말해선 안 되지요.' 나무에 참새가 앉아 있었고, 저는 계속 그곳을 바라보며 암기한 논지를 발표했습니다. 청중을 보면 울렁증이 생길지도 모른다고 생각했던 겁니다.

울렁증은 좀처럼 쉽게 고쳐지지 않았지만, 다행히 고등학교에 올라가서는 학생회장에도 뽑혀, 졸업식의 송사나 답사를 읽기도 했습니다. 서서히 집단을 통솔할 수도 있게 되었지요. 지금도 매년 2월에 열리는 초등학교 동창회에 가면 '그렇게 얌전했던 네가 이렇게 변할 줄이야.' 하는 말을 듣지만, 제 나름대로 많은 노력을 한 결과입니다."

지금의 스즈키 회장의 모습을 생각해보면 전혀 상상할 수 없는 모습이다. 끝없는 노력과 경험을 쌓은 끝에 울렁증을 극복했다니, 사람들에게 매우 큰 용기를 주는 에피소드가 아닐까 싶다. 지금은 매우 말씀을 잘하시는 분이지만, 사람들 앞에 나서서 말을 할 만큼 자신감이 없었기 때문에 듣는 사람을 매료시킬 방법을 진지하게 고민해볼 수 있었던 것이라 생각한다. 스즈키 회장의 자세는 언제나 유연하다. 회장은 이런 말씀도 하셨다.

"다른 사람 앞에서 이야기를 할 때는 자신이 항상 생각하고, 느꼈던 것을 평이한 말투와 목소리로 고스란히 표현하는 게 좋습니다. 급하게 알게 된 남의 말을 자기 말처럼 하는 게 가장 좋지 않은 습관입니다. 누구나 사람들 앞에 서면 조금이라도 멋지게 보이고 싶기 때문에, 미리 책을 읽은 다음 멋진 말을 인용해 이야기를 이어가려고 하지요. 그리고 그것을 마치 자신이 생각해낸 것인 양 이야기합니다.

하지만 그래서는 아무런 설득력이 없습니다. 내용이 간단하더라도 자신의 몸으로 체득한 이야기를 하는 편이 훨씬 설득력 있지요. 자신의 이야기가 아닌 남의 말을 빌려 이야기하려고 하니 긴장을 하게 되고, 이야기의 내용도 형편없어지는 겁니다."

　사람들 앞에서 이야기하기를 꺼리는 사람은 멋진 말을 해야 한다는 생각에 파묻혀 스스로 잣대를 높인다. 그래서 더욱 더 큰 부담감을 느끼는 경우가 많다. 아무리 멋을 부려 보아도 자신이 경험하고 생각했던 일에서 벗어난 이야기를 할 수는 없다. 자신의 것이 되지 못한 이야기를 무턱대고 해봐야 아무런 소용이 없다.

　나는 항상 '의미가 꽉 들어찬 이야기를 하자'라고 말을 하는데, 어렵고 이해하기 어려운 난해한 말이라고 해서 의미가 꽉 들어차 있다고 할 수 없다. 오히려 심오하고 난해한 말을 쓰지 않고 쉽게 이야기를 전달하는 게 더 어렵고 대단한 일이다. 말을 할 때 멋을 부리지 말자.

침묵은
행동으로
깨는 것이다

대화가 중간에 끊겨 침묵이 이어지는 그 시간을 두려워하는 사람이 많다. 서먹서먹한 분위기를 견딜 수 없어 혼자 쓸데없는 이야기를 주절주절 늘어놓게 되고, 웃긴 얘기를 해보지만 상대는 전혀 반응이 없고, 무슨 말을 해야 할지 몰라 어색한 침묵만 이어지는 경우도 있다.

대화를 하는 중간의 침묵이 신경 쓰인다는 말은, 상대와 자신 사이의 관계가 아직은 깊지 않다는 말이기도 하다. '아무 말도 하지 않고 있으면 불편하지 않을까', '분위기를 어색하게 만들고, 대화도 제대로 이끌어가지 못하는 사람이라고 생각하면 어쩌지' 하는 걱정을 하는 것이다. 이것은 상대와 나의 호흡이 제대로 조화를 이루지 못하고 있기 때문에 생기는 걱정이다. 가장 빠른 해결책은 상대와 호흡을 맞춰보는 것이다.

호흡의 리듬을 맞추는 일이 어렵다면, 행동의 리듬을 일치시키기 위해 노력해볼 수 있다. 예를 들어 어색한 침묵이 이어지는 상황에 사탕이나 껌을 권해본다. 상대가 사탕을 먹는 동안은 억지로 말을 이어가지 않아도 서먹해지는 것을 피할 수 있다. 같이 사탕을 입에 물고 있는 것만으로도 무언가를 공유하고 있다는 느낌을 맛볼 수 있다.

"이건 제가 키우는 애완동물인데요.", "얼마 전에 석양이 너무 멋져서 찍어뒀어요."라고 하면서 휴대전화에 저장해둔 마음에 드는 사진을 보여주는 것도 하나의 방법이다. 상대와 함께 작은 화면을 같이 보는 그런 작은 행동 하나 덕분에 서로 호흡을 맞추는 일이 쉬워진다. 가까운 사이라면 가벼운 스킨십을 해보는 것도 좋다.

사람이 많은 가운데 어색한 침묵에 휩싸였다면 분위기를 바꿀 필요가 있다. 회의를 할 때 진행자가 "의견 없으신가요?"라고 물어도 아무도 말을 하지 않을 때는 누군가 먼저 말을 꺼내야 한다. 그 자리의 분위기를 바꾸기 위해 최대한 태연하게 의견을

/ 상대와 나의 호흡이 제대로 조화를
이루지 못하고 있기 때문에 생기는 걱정이다.
가장 빠른 해결책은
상대와 호흡을 맞춰보는 것이다. /

내야 할 필요가 있다.

모두가 고개를 끄덕일 만한 의견일 필요는 없다. 오히려 모든 사람이 의아하게 생각할 만한 의견을 내는 편이 분위기에 활기를 더할 수 있어 좋다. 누군가가 말을 꺼내겠지, 누군가가 분위기를 바꿔주겠지, 같은 방관적인 차가운 자세가 아니라 자신이 주인공이라는 의식을 가지고 침묵을 깨는 사람은 그 적극성으로 인해 새삼 모두가 그 사람을 다시 보게 될 것이 틀림없다.

침묵을 쉽게 회피하는 사람도 있다. 그 자리의 긴장이 풀리도록 웃음을 제공하는 사람도 있다. 어떤 사람은 분위기를 바꿔야 할 타이밍에 적절한 제안을 하기도 한다. 이것도 모든 사람의 리듬을 일치시키기 위한 방법 중 하나다. 단 둘이 대화를 하든, 다수의 사람들과 회의를 하든 침묵은 머리로 깨는 것이 아니라 직접 행동으로 깨는 것이라는 사실을 명심하자.

대화의 속도를
유지하기 위한
자동화 연습

눈앞의 상대와 이야기할 때는 시간 감각이 중요하다. 대화를 하면서 생각을 정리하는 데 오랜 시간이 걸리면 대화의 속도가 흐트러지고 만다. 대화는 캐치볼이다. 공을 던졌는데, 상대는 공을 전혀 던질 생각을 하지 않는다면 어떻게 될까. 10초 후에 상대가 공을 던진다 해도 이미 흐름은 다 깨져 있다.

간혹 텔레비전에서 해외 소식을 전할 때 영상과 소리가 맞지 않는 경우를 본 적이 있을 것이다. 상대의 대답이 몇 초만 느려져도 대화하기가 매우 힘들어진다. 캐치볼을 잘 하는 사람은 캐치볼을 할 때의 몸의 움직임, 반사 신경 등이 몸에 각인되어

/ 눈앞의 상대와 이야기할 때는
시간 감각이 중요하다. /

있다. 일일이 세세한 부분을 신경 쓸 필요 없이 '잡는' 것과 '던지는' 일련의 동작이 물 흐르듯 자연스럽다. 공을 던지고 받는 움직임이 '자동화'되어 있는 것이다.

반대로 캐치볼에 대한 기초 지식도 없고, 경험도 없는 사람은 공을 받을 때에 온갖 신경을 다 써야 한다. 무사히 공을 받았다 하더라도 그제야 어떻게 던질까를 생각한다. 공을 제대로 잡지 못해 데굴데굴 굴러가는 공을 주우러 가야 할 때도 있다. 그렇게 되면 다시 공을 던질 때까지 시간이 많이 걸린다. 연습을 통해 손과 어깨를 어떻게 움직여야 하는지 배우고 익히면 능숙해질 수 있다. 이것이 바로 '자동화'되는 과정이라 할 수 있다.

마찬가지로 대화를 할 때도 캐치볼처럼 '자동화'되도록, 기초 훈련을 해야 한다. 짧은 시간에 재빨리 생각을 정리하여 이야기를 한다든가, 질문을 받으면 될 수 있는 한 빨리 대답할 수 있도록 연습한다. 타인과의 대화 속에서 신속한 대응을 하기 위해 빠르게 대답하는 반복 연습을 해보자. 이 연습을 통해 반응력을 높이고 속도를 유지하며 대화가 가능할 수 있다.

대화를 할 때는 자신이 사전에 어떤 이야기를 할지 어느 정도 준비해두었다 하더라도 상대의 반응에 따라 내용이 크게 달라진다. 때문에 실제로는 상대가 이야기를 하는 사이에 다음에 무슨 말을 해야 할지 생각해야만 한다. 상대가 이야기를 하는 중에 다음에 할 이야기를 생각하는 것이 대화에 집중하지 않는 것처럼 생각될 수 있지만, 이것은 자동화 연습을 통해 해결될 수 있다. 지속적 자극으로 뇌의 회로를 연결시키면, 들으면서 다음 이야기를 생각할 수 있게 된다. 마치 캐치볼을 할 때 공을 잡으면 자동으로 던지게 되는 것처럼 말이다. 자동화 연습을 통해 사고를 나눠서 할 수 있게 되면 에너지와 여유가 생긴다. 그것을 반복하면 적절한 속도로 대화를 할 수 있게 된다.

커뮤니케이션에
'하지만'은
필요 없다

'하지만', '그래도'라고 습관처럼 말하는 사람이 있다. 이런 접속사는 대화를 할 때 필요 없다고 생각한다. 상대가 "하지만……"이라며 말을 시작해서 반대 의견을 내는 줄 알고 유심히 들었던 적이 있다. 하지만 상대는 '하지만'이 전혀 필요 없는 이야기를 하고 있었다. 무의식적으로 한 것인지, 아니면 자신의 생각을 강하게 주장하기 위해 쓴 것인지는 모르지만, 어느 쪽이든 크게 의미 없는 말이다.

대화를 할 때 자신의 말을 들은 상대가 '하지만'이라고 말을 시작하면 기분 좋을 사람은 없다. 서로의 의견의 옳고 그름을 다투는 토론이라면 사용해도 괜찮을지 모르지만, 평소 서로 얼굴을 마주 보며 대화하는 상황에서는 이런 접속어를 사용할 필요가 없다.

'하지만'이라는 말을 해야 하면 한 번 더 생각을 정리해보자. 글을 쓸 때와는 달리 자신이 직접 말을 할 때는 설사 상대의 의견과 반대되는 내용이라 하더라도 '하지만'을 쓰지 않고 말할 수 있다. "러시아 작가 중에 나는 도스토옙스키가 좋더라."라고 당신의 생각을 말했는데 상대방이 "하지만 나는 체호프가 좋아요."라고 말을 하면 당신의 기분이 어떨까? 내 의견을 부정당한 기분이 들지는 않을까? "그러시군요. 저는 체호프가 좋아요."라고 말하면 대화가 더 진전될 수 있지 않을까?

대화는 상대와의 캐치볼이다. 상대가 말을 던지면, 그 말을 받는다. 그렇게 상대와 말을 주고받는 것이다. 역접 접속사는 그런 공은 받지 못한다고 상대를 부정하는 것이라는 사실을 깨달아야 한다. 만약 상대의 의견에 반대되는 의견을 말하고 싶다면, 말을 살짝 다르게 표현해 보자. '아니'라고 상대를 부정하지 않더라고, 이런 생각도 있다고 말하며 다른 견해를 제시할 수 있다.

상황과 사안에 따라 조금씩 다르겠지만, 흑백을 확실히 밝히지 않더라도 얼마든지 의견을 전달할 수 있다. 어떻게 말할 것인지도 조금만 노력하면 얼마든지 찾아낼 수 있다. '하지만' 뿐만이 아니라 자신이 무의식적으로 어떤 말을 사용하는지 알아두는 것이 좋다. 친구와 대화하는 내용을 녹음해 들어보면 자신이 어떤 언어 습관을 지니고 있는지 확실히 알 수 있다.

평소의 대화 습관 속에서 불필요한 말을 얼마나 사용하고 있는지, 말을 대충 얼버무리고 있지는 않는지, 애매한 표현은 얼마나 사용했는지 살펴보자. 평소에 자주 사용하는 언어 습관은 공식적인 자리, 예를 들어 면접을 보거나 중요한 회의 자리에서도 무의식적으로 나올 가능성이 높다. 목소리가 지나치게 작거나, 말끝을 흐리는 문제들은 꼭 고쳐야 할 부분이다. 잘못된 말투만 고쳐도 상대에게 깔끔한 인상을 줄 수 있다.

쓸데없는
서론은
필요 없다

선물을 주면서 "별것 아니지만."

회의에서 "이렇게 훌륭한 분들 앞에서 발언하는 게 맞는지 모르겠습니다."

프레젠테이션 자리에서 "여러분 의견이 좋아서 제 생각을 말씀드리기 죄송하지만…"

이처럼 우리는 평소에 겸손을 나타내는 표현을 자주 쓴다. 미리 자신을 방어하는 듯한 서론은 매우 불필요하다. 모두 자신을 방어하려는 변명일 뿐이다. 발언을 하겠다고 결정한 것은 나 자신이다. 망설여진다면 완벽하게 준비를 하는 것이

맞다.

무슨 일이든 빠르게 진행해야 칭찬을 받는 시대이다. 만약 다도를 즐기는 자리처럼 전통적인 관습이 우선되는 세계라면 겸손을 나타내는 것도 의미가 있을지 모르지만, 일상적인 자리에서는 곧장 본론으로 들어가는 것이 서로에게 좋다. 이미 유명무실해진 상투적인 문구는 더 이상 사용할 필요가 없다.

단도직입적으로 하고 싶은 말, 전하고 싶은 말을 중요한 것부터 전달하자.

하고 싶은 말이 세 가지가 있다고 해보자. 첫 번째 이야기로 상대의 마음을 사로잡으면 그 다음 이야기에도 탄력이 붙는다. 하지만 첫 번째 이야기로 상대의 흥미를 전혀 끌지 못하면 두 번째, 세 번째 이야기에도 그다지 귀를 기울여주지 않을 가능성이 높아진다. 나중에 후회하지 않으려면 가장 매력적인 이야기부터 시작하는 게 좋다. 재미있는 이야기도 서론이 길면 재미가 없어지는 법이다.

화제의
흐름을
막지 않는다

오랜 시간 계속 같은 주제로 대화를 이어갈 수는 없다. 당연히 화제는 조금씩 변해간다. "조금 다른 이야기인데요." 하고 말하는 것은 역접 접속사와 비슷하게 말을 중단시키는 화법 중하나이다. 지금까지 해온 이야기와 관련이 있으면서도 조금씩 다른 주제의 이야기가 나오기 때문에 대화가 신선하고 재미있는 것이다.

화제를 바꾸겠다고 미리 얘기할 필요는 없다. 대화를 잘 하는 사람은 화제를 전환할 때도 지금까지 한 말과 연관성을 유지하며 화제를 확장시킨다.

/ 서로의 뇌를 기분 좋게 자극하면서 흘러가야
좋은 대화라 할 수 있다. 즐거운 대화의 진수는
대화를 통해 서로를 자극하고,
성장시키는 바로 그런 점에 있다. /

상대의 말을 듣고 다른 생각이 떠올랐다면 "방금 그 얘기를 들으니 생각이 났습니다."라든가 "그것과 비슷한 이야기인데요." 라고 말을 꺼내 지금까지의 이야기와 연결되도록 한다. 서로의 뇌를 기분 좋게 자극하면서 흘러가야 좋은 대화라 할 수 있다. 즐거운 대화의 진수는 대화를 통해 서로를 자극하고 성장시키는 바로 그런 점에 있다고 생각한다.

대화는 강물 흐르듯 흘러야 한다. 자연스럽게 흐르며 이쪽 지류로도 흐르고, 저쪽 지류로도 흐르다가 다시 큰 물줄기로 합쳐지기도 하는 등, 그 예측 불가능한 흐름을 즐기는 것이다. 내가 이야기의 주도권을 쥐는 것이 아니라 상대의 말을 듣고 나의 생각이 자극되고, 그로 인해 연상되는 이야기를 꺼내면 다시 상대의 생각을 자극해 이야기가 계속 진행되는, 그런 흐름 말이다. 이렇게 상대의 말과 화제를 인용해 확장해나가는 형태를 지속해가는 게 좋다.

나는 대담을 할 기회가 많은데, 대담도 맨 처음에 준비해둔 주제대로 진행하기만 하면 그다지 재미가 없다. 살짝 샛길로 새면서 이야기를 부풀려나가다 결국 그날 주제에 걸맞으면서도 예상치 못한 의견이 나와야 만족감과 성취감은 높아진다. 샛길, 지류를 받아들이지 못하고 자신이 준비한 메모와 자료에만 의존하는 사람과 이야기를 하는 일은 지루하기까지 하다.

회의도 마찬가지다. 모두 빤한 얘기로 의견을 나누다, 예상 범위 안의 결정을 내릴 거라면 일부러 얼굴을 맞대고 회의를 할 필요가 없다. 물이 흐르지 않는 웅덩이 안에서 철벅대지 말고, 토의라는 강의 흐름을 즐겨야 한다. 생각지 못한 아이디어나 의견이 나오고, 그 의견을 듣고 더욱 신선한 의견을 제시하는 사람이 나오고, 의견을 들은 모든 사람의 생각이 변화되어, 예상하지 못한 결론에 이른다. 그래야 사람들이 모여 토론을 한 가치가 있지 않을까. 그것은 '이야기가 변한 것'이 아니라, '이야기가 잘 버무려진 것'이다.

흘려버린다는 것은 집착하지 않는다는 것이다

다른 사람과의 거리감을 자유자재로 바꿀 정도의 유연성을 갖추기 위해서는 몸에서 힘을 빼야 한다. 묻는 사람이 경직되어 있으면 상대도 그것을 쉽게 눈치챈다. 상대의 마음을 열려면 먼저 자신이 경직된 행동과 사고에서 벗어나야 한다. 예를 들어 상대에게 듣고 싶은 말이 있다고 하자. 직접 질문을 해서는 표면적인 대답밖에 돌아오지 않는다. 만약 상대가 대답하기 껄끄러운 질문이라면 더더욱 직접적으로 질문해서는 대답을 끌어낼 수 없다.

상대가 방어적으로 나오거나, 조금 전보다 거리가 멀어졌다는

/ 흘려버린다는 것은 집착하지 않는다는 것이다.
잘 흘려버리는 사람은 '어른스러운' 성숙한 사람이다. /

생각이 들면 더 이상 억지로 같은 질문을 반복하지 말아야 한다. 일단 다른 질문으로 전환해 상대의 모습을 살피자. 다른 질문에서 시작해 접근하면 의외로 자연스럽게 핵심적인 내용을 말해줄 때도 있다.

직접적인 대화의 즐거움은 한 구멍을 파기 시작했다고 계속 같은 곳만 파는 것에 있지 않다. 이쪽저쪽 오가며 작은 구덩이 몇 개를 파 놓고, 그 구덩이를 연결해가는 것이 직접적인 대화의 즐거움이다. 유연하게 대응하기 위해서는 그냥 넘기는 것, 즉, '흘려버리는' 감각을 지녀야 한다. 한 가지의 주제와 결론에 집착하지 말아야 한다는 것이다. 상대와 의견이 다르다고 해도, 마찰이 일어날 것 같은 부분을 계속 파고들기보다는 흘려버리고, 또 흘려버리자.

이야기를 들을 때 고개를 갸웃하거나, 눈썹을 찡그리는 버릇이 있는 사람이 있는데, 그런 습관도 상대가 보기엔 그다지 유쾌하지 않다. 말로는 괜찮다고 하면서 태도를 통해 그렇지 않다고 말하는 것이나 마찬가지기 때문이다. 토의하고 확인해야 할 것은 상대가 일단 말을 끝마친 부분이다. 그곳에서부터 이야기를 이어가야 한다. 흘려버린다는 것은 집착하지 않는다는 것이다. 잘 흘려버리는 사람은 '어른스러운' 성숙한 사람이다.

『논어』에는 "군자는 네 가지 마음을 내버려야 한다. 바로 제멋대로 행동하려는 마음, 억지로 강행하려는 마음, 한 가지에 집착하는 마음, 자기주장만 고집하는 마음이다."라는 말이 있다. 공자는 자신의 의견을 관철하려는 마음이 없었으며, 무엇이든 미리 정한 대로만 하려고 하지 않았을 뿐만 아니라, 한 가지에 집착하지도 않았고, 이기적으로 자기주장만 펼치지도 않았다. 이런 유연한 유동성은 대면력의 중요한 조건 중 하나이다.

15초 안에
메시지를
정리한다

직접적인 커뮤니케이션을 할 때에는 순발력 있는 사고력이 필요하다. 예를 들어 엘리베이터에 아는 사람과 같이 탔을 때, 10초에서 15초 남짓한 시간 동안 자연스러운 대화를 이어갈 수 있다면 호감도를 높일 수 있다. 애플의 고(故) 스티브 잡스에 관련된 전설은 수도 없이 많지만, 엘리베이터를 그와 함께 탈 때는 주의하라는 이야기가 있다. 잡스와 엘리베이터를 같이 탄 사원이 엘리베이터에서 내릴 즈음에는 직장을 잃는 일이 있기 때문이다. 잡스가 "오늘은 월급을 받을 만큼 충분히 회사에 공헌을 했는가?"라는 질문을 했는데, 그 사원은 너무 갑작스러운 질문이라 대답을 하지 못한 것이다. 불과 10초, 20초 정도 대화를 제대로 못했을 뿐인데 그 사원은 해고를 당해버렸다.

사실 이건 자동차 사고를 당한 것이나 마찬가지이다. 임기응변으로 적절히 대응했다면 사고를 막을 수 있었을지도 모른다. 처음 만나 명함을 교환한 뒤의 아주 잠깐 사이에 무슨 말을 하면 좋을까. 우연히 거래처 사람을 외부 화장실에서 만났을 때 무슨 말을 하면 좋을까.

순발력을 발휘해 무언가 말을 해야 할 때가 많다. 반사적으로 말을 꺼내기 위해서는 평소부터 '급히 무언가 말을 해야 할 때에 순발력 있게 생각할 수 있도록' 사고 회로를 열어 놓을 필요가 있다. 그렇게 하기 위해서는 평소부터 반응을 빠르게 하는 습관을 들여야 한다. 또 한 가지, 시간의 밀도를 의식하는 것과 '15초 감각'을 단련할 것을 추천한다.

텔레비전의 광고는 대체로 15~30초다. 30초 광고를 짧게 줄인 것이 15초 광고다. 짧지만 전하고자 하는 메시지는 모두 포함되어 있다. 난 대학 수업을 진행할 때 간결하게 내용이 응축된 이야기를 할 수 있도록, 15초 감각을 익히는 훈련을 하고 있다. 예를 들어 뉴스의 내용을 다른 사람에게 15초 안에 요약해 설명하도록 하는 것이다. 스톱워치를 사용해 정확하게 시간을 재면서 15초 안에 내용을 압축하는 연습을 한다.

읽은 책의 메시지를 전달하거나, 최근에 자신이 푹 빠져 있는 것을 소개해보는 것도 좋다. 누군가에게 설명하듯이 말해보자. 많은 사람들이 자신의 생각을 글로는 잘 표현하지만, 말로 표현하는 일은 꽤나 어려워한다. '이야기'하는 연습을 거의 하지 않기 때문이다.

15초 만에 설명해야 한다는 의식을 항상 하고 있으면, 순발력 있게 생각하는 습관을 들일 수 있다. 15초 만에 핵심 주제를 설명하는 연습이 끝났다면, 조금 발전된 형태로 세 가지 메시지를 준비해 각각 15초씩 이야기하고, 마지막 15초에 결론을 내리는 연습을 한다. 그렇게 하면 내용이 매우 농밀한 1분 스피치를 할 수 있게 된다.

면접에는 '정답'이 없다. 질문에 대답하기 전 상대가 어떤 의도로 질문했는지 생각해봐야 한다. 가장 본질적인 질문을 떠올려 순발력 있게 판단할 수 있는 사람은 면접에 강할 수밖에 없다. 면접 때에 순발력을 발휘하기 위해서는 평소부터 부담스러운 상황에서 대답을 하는 연습을 해야 한다. 미리 준비된 답변만으로는 상대의 마음을 움직일 수 없다.

15초 만에 의미 있는 이야기를 하고, 상대에 맞춰줄 수 있다면 바로 밀도 높은 대화를 나누는 것도 가능하다. '순발력 있는 사고력'은 매우 중요하다. 갑작스럽게 대답을 해야 할 때에도 도움이 될 뿐 아니라, 직접 만난 사람과 자연스럽게 즐거운 대화를 나누기 위한 대면력을 완성시키는 데에도 큰 도움이 되기 때문이다.

CHAPTER

3

상대를
기분 좋게 만드는
대면력

철저하게 준비해야 순발력도 생긴다

실수도 웃어넘길 수 있는 여유를 가진다

'공감 단어'로 감각을 공유한다

비밀을 공유하면 가까워진다

인터뷰어가 된 것처럼 묻는다

진심은 바로 나오지 않는다

'균형 감각'이 필요하다

사람은 누구나 인정받고 싶은 욕구가 있다

다른 듯 닮아 있는 장점과 단점

대면이란 '교환'이다

철저하게
준비해야
순발력도 생긴다

　어떤 상황, 어떤 대화를 해야 할지 모르는 순간에도 유연하게 대화를 하고 관계를 만들어나가는 것이 '대면력'의 즉흥적인 힘이다. 실시간으로 대화가 이어질 때는 어떤 이야기를 할지 사전에 정하기가 불가능하다. 하지만 소재를 활용하는 것은 가능하다.

　평소에도 누군가를 만나면 어떤 이야기를 할지 소재를 생각해두면 좋다. 어떤 재미있는 이야기를 할까 생각하며 끝없이 소재를 생각하라는 것이 아니라 평소에 보고 듣는 것에 대해 다양한 관점으로 바라보고 대화의 소재로 사용해보면 어떨지 관심을 가지라는 이야기이다.

하나의 주제만큼은 자신 있게 사람들 앞에서 이야기할 수 있는 소재를 늘려두는 것이 좋다. 또 대화를 하다 말이 끊겼을 때는 가볍게 던질 수 있는 농담을 미리 생각해두는 것이 좋다. 이러한 준비로 다른 사람과 마주했을 때 무슨 말을 하면 좋을지 모르는 두려움을 어느 정도 불식시킬 수 있는 것이다.

재미있는 이야기 또는, 대화의 소재가 될 것 같다고 생각되는 이야기는 메모를 해두자. 그저 메모만 해놓는 것으로 그치지 말고, 친한 친구나 가족에게 이야기를 해보고 그들의 반응을 살펴본다. 이런 연습을 통해서 나의 이야기로 완벽하게 만들어두는 것이다.

개그맨이나 탤런트들을 보면 그들의 말솜씨에 감탄하게 되는 경우가 많다. 하지만 그런 재미있는 일들이 그들의 주변에만 벌어지고 있지는 않다. 그 사람들은 평소에 그러한 이야기 소재를 모아두고, 어떻게 이야기하면 사람들이 재미있게 생각할까 고민했던 것이다. 실제로 주변 동료들에게 미리 얘기를 해보고 반응을 확인했기 때문에 방송에서도 재미있는 이야기를 할 수 있는 것이다. 이런 연습을 통해서 순발력을 발휘할 수 있게 된다.

하지만 우리들의 일상은 버라이어티 프로그램과는 다르다. 아무리 준비를 열심히 해도 그 재미있는 이야기를 언제 사용할 수 있을지 알 수 없다. 때와 분위기에 따라 자신이 준비한 이야기를 적절하게 꺼내 사용하겠다는 마음가짐을 가져야 한다. 순발력을 발휘하려면 '준비'해야 한다. 마음에 여유가 넘칠 만큼 평소에 많은 준비를 한 사람만이 즉흥적인 순발력도 발휘할 수 있다.

실수도
웃어넘길 수 있는
여유를 가진다

"남자 서른. 처자식도 있는데 무직. 그때 내가 얼마나 고생을 했는지." 이런 이야기를 하면 학생들은 매우 즐거워한다. 많은 사람들이 타인의 성공한 이야기보다는, 고생하고 실패했던 이야기를 더 귀 기울여 듣고 선호하는 편이다. 단, 실패하고 좌절한 경험을 투덜대는 투로 이야기해서는 안 된다. 분위기가 우중충해지면 상대도 어떻게 말을 꺼내야 할지 몰라 난처해한다. 그렇기 때문에 실패한 이야기지만 밝고 활기차게 이야기해야 한다.

창피를 당했던 이야기나 실수를 했던 이야기를 하면 상대와의 거리를 쉽게 좁힐 수 있다. 일반적으로는 절대 하고 싶지 않

/ "우리 둘 다 대체 뭘 한 걸까요, 하하하."
서로 솔직한 이야기를 하면 마음의 장벽이 낮아져
마음이 통하는 상대가 된다. /

을 경험에 대해 이야기해주면 금방 친근감을 느낀다. "실은 저도 비슷한 경험이 있는데요."라고 상대도 솔직하게 이야기를 꺼내기가 쉬워진다.

그렇게 되면 서로 비밀을 공유하는 듯한 생각이 들면서 금세 친근감이 생긴다. 심정적으로도, 이성적으로도 서로 공감을 하기 쉬워진다.

"우리 둘 다 대체 뭘 한 걸까요, 하하하."

서로 솔직한 이야기를 하면 마음의 장벽이 낮아져 마음이 통하는 상대가 된다.

'웃어넘기는' 기술을 익히면, 대면력에 부드러움이 가미된다. '웃음'은 단순히 좋은 반응을 이끌어내고 분위기를 밝게 하는 데만 도움이 되는 것이 아니다. 웃어넘길 수 있다는 말은 '그 상황이나 환경, 관련성을 받아들이고', '자신의 위치에 새로움을 부여해 반대되는 관점을 가진다는 것'을 의미한다.

자신을 부정하며 부정적인 감정을 마음속에 묻어 두는 것이 아니라, 사실로서 받아들여 자신을 객관적으로 바라보는 것이다. 그런 입장에 섰을 때 웃어넘기는 게 가능해진다.

이렇게 웃는 기술은 분위기를 전환하는 힘이 된다. 예를 들어 많은 기대를 받고 일을 시작했는데 실패했을 때, 힘들지만 그 사실을 받아들이고 쓴웃음을 지을 수 있는 사람은 다시 마음을 다잡고 다음 도전에 나설 수 있다. 하지만 계속 그 일을 후회하는 사람은 실패했던 자신을 떨쳐버릴 수가 없어 슬럼프가 오래 지속된다. 자신의 실패를 웃어넘길 수 있는지 없는지는 마음의 여유를 알 수 있는 지표 중의 하나이다.

문제가 생겼을 때 가볍게 '웃어넘기면' 스트레스가 감소한다. 학생이 교육 실습이나 취직 활동을 하는 중에 문제를 일으키는 경우가 종종 있다. 대학교의 직원이 그 문제를 상의하러 올 때는 대부분 얼굴이 울상이다.

"선생님 또 번거로운 문제가……."

그때 내가 얼굴을 찌푸리면 그 번거로운 문제는 더욱 심각해지고 만다.

"이거 참. 또 무슨 문제가 생겼나요?"라고 웃으며 가벼운 마음으로 이야기를 들으려고 하면, 상대도 조금은 긴장이 풀려 "네, 또 문제가 생기고 말았네요." 하고 쓴웃음을 지으며 대답한다. 그러면 서로 웃음을 짓게 되고 긴장이 풀린다. 물론 즐거워서 웃는 것이 아니라 "참 난처하네."라는 뜻이 담긴 웃음이지만, 문제를 처리하고 해결하야 하는 사람들끼리 긴장된 마음을 웃음으로 누그러뜨릴 수는 있는 것이다.

문제를 처리해야 하는 사람들이 더욱 심각해져서 우울한 표정을 짓는다고 문제가 해결되지는 않는다. 최선의 해결책을 찾는 게 급선무다. 같이 문제에 대처해야 하는 동료, 이른바 동지이니 서로 쓴웃음을 짓더라도 문제를 처리할 때 스트레스를 줄이고 밝게 극복하는 것이 좋다. 그렇게 하면 문제가 해결됐을 때의 만족감도 더 커지고 그 이후에도 밝은 분위기 속에서 웃을 수도 있게 된다.

분위기가 경직되어 있을 때 살짝 우스운 이야기를 하여 긴장을 풀어줄 수는 것도 일종의 웃어넘기는 기술이다. 어색한 이야기로 분위기를 바꾸려는 사람도 있다. 모두 즐겁게 웃어주면 좋겠지만, 전혀 통하지 않을 가능성도 있다. 자기 방어 본능이 강한 사람은 썰렁한 유머를 던지기 쉽지 않지만, 창피를 각오하고 '멍청한 짓을 하는 사람'은 대면력을 잘 활용하고 있는 사람이라 볼 수 있다.

'공감 단어'로
감각을
공유한다

학생들과 이야기를 나누다, 한 학생이 "여자 친구를 찾는 건 집을 찾는 것과 비슷하다."라는 말을 꺼냈다. 다른 학생이 같이 아르바이트를 하는 여학생이 마음에 들었는데 1년 반이 지날 동안 말도 제대로 꺼내지 못하고 있다는 이야기를 하자 나온 말이었다.

부동산 물건의 경우, 조건이 좋은 곳은 금방 계약이 되어버린다. 자신이 찾는 집이 나오면 바로 "이거다!" 하고 행동에 나서야 한다. 우물쭈물하다가는 "죄송하지만 그 집은 벌써 계약이 되었습니다." 하는 말을 듣기 십상이다. 여자 친구를 사귈 때도 마찬가지라는 이야기였다.

"좋은 집일수록 금방 계약이 되잖아."

"넌 너무 결단력이 없어. 집을 찾는 것도 너무 서투르고. 네가 사는 집도 그렇잖아. 지금 사는 집, 역에서 엄청 멀지?"

"남자 친구 찾는 것도 비슷한가?"

"그럼요, 그럼요. 집은 기다려주지 않아요. 일단 이거라는 생각이 들면 빨리 움직여야죠."

이렇게 모두가 '집'이라는 단어에 반응을 했다.

한 학생이 자신이 아르바이트를 시작한 날 아르바이트를 그만둔 여학생이 있었다는 이야기를 꺼냈다.

"그 자리에서 연락처를 묻고 바로 연락을 했는데…… 그 여자애가 바로 지금 내 여자 친구야. 방금 나온 얘기에 빗대 말하면 '이게 내가 사야 할 집이다'라고 생각했을 때 바로 승부를 본 거지."

이 말을 들은 학생들은 모두 공감했다.

"우와, 이거 봐. 하루 만에 결론이 난 애도 있잖아. 1년 반이나 말도 못 걸다니, 대체 며칠을 헛되게 보낸 거냐?"

"집도 다 인연이니까."

그날의 술자리는 '집 찾기' 이야기로 한껏 달아올랐다. 애인

찾기를 '집'으로 빗댄 것은 일종의 '메타포'다. 이렇듯 어떤 것을 다른 무언가의 특징에 비유해 표현하는 수법을 메타포, '은유'라고도 한다.

직관적이고 모두가 공감할 수 있는 단어에는 많은 사람들이 재미와 공감을 느끼게 될 뿐만 아니라, 인상도 확실하게 각인된다. 그 자리에 있는 모든 사람이 그 단어가 탄생한 순간을 확인한 동료들이다. 단어에 새로운 의미가 부여되는 순간을 확인하고, 같이 의미에 살을 더해 가는 과정을 공유했기에, 그것은 단순히 재미있는 이야기가 아니라 모두가 공유한 '공감 단어'가 된 것이다.

그저 잡담일 뿐이라도 새로운 의미가 부여되면 유익한 대화로 재탄생한다.

"찾는다던 집은 그 뒤에 어떻게 됐어? 잘 돼가?"라든가, "나, 요즘에 좋은 집을 발견했어."라고 대화를 나눌 수 있게 되는 것이다. 단어에 새로 의미가 부여되었던 곳에 함께 있었기 때문에 느낄 수 있는 감각 덕분에 "여자 친구 생겼어?"라고 묻는 것보다 훨씬 거리가 가깝게 느껴진다.

메타포를 사용한 대화에는 비틀림이 있다. 다만 그 비틀림은 유머에 기반을 두어야 한다. 누군가를 상처 입히거나 멸시하는 표현을 사용해서는 안 된다.

사람과 사람이 만나 이야기를 하는 곳에는 작을지라도 반드시 '발견'과 '깨달음'이 있다. 그냥 대화만 주고받는 것이 아니라 감각을 공유할 수 있는 요소를 찾아보자. 그러면 대화가 더욱 즐거워진다.

비밀을
공유하면
가까워진다

일반적으로 여성은 상대에게 상의를 하면서 관계를 깊게 만드는 능력이 뛰어나다고 한다. 남성은 아무래도 그런 능력이 부족한 편이다. 남성, 여성의 이런 차이는 자존심이나 자의식의 균형과 관련이 있을 가능성이 높다. 다른 사람에게 상의를 한다는 것은 자신의 진심을 털어놓는다는 말이다.

평소에는 다른 사람에게 자신의 솔직한 모습을 보이지 않는 사람이라도, 상의를 할 때에는 자신의 모습을 솔직하게 보인다. 상대도 흉금을 터놓고 같이 생각하고 대답해준다. 상의를 하는 일은 '비밀을 공유하는 것'이기도 하다. 상대와 거리가 쉽게 좁

/ '비밀을 공유'한다는 것은
상대와 거리가 쉽게 좁혀질
모든 조건을 갖추고 있는 셈이다. /

혀질 조건이 모두 갖추어져 있는 셈이다. 남자 친구와의 고민에 대해 얘기를 나누다, 자신의 고민을 들어주던 사람을 좋아하게 되었다는 이야기를 가끔 들었을지도 모른다.

상의를 할 때 가장 주의해야 할 점은 상대를 이용하면 안 된다는 것이다. 나를 찾아와 상의를 하는 사람도 꽤 많다. 하지만 스스로 알아보면 금방 알 수 있는 것을 '상의'라는 명분으로 찾아와 묻는 사람은 그저 성가실 뿐이다. 전공 분야가 아닌 전문적인 문제를 간단히 정리해달라는 요구도 그저 난처할 뿐이다.

상대에게서 무언가 정보를 캐내려고 꺼내는 이야기는 상의가 아니다. 자신은 도저히 판단할 수 없는 문제를 다른 관점에서 봐라봐 줄 수 있는 경험이 풍부한 사람에게 묻는 것이 상의다.

상의를 할 때 두 번째로 주의해야 할 것은, 인생이 걸린 무겁고 심각한 이야기는 주변의 지인들을 찾아가지 말고, 다른 사람을 선택하라는 것이다.

타인의 고민을 들어주는 사람도 그 사람의 평생을 좌우할 수 있는 무거운 이야기를 들으면 굉장히 부담스럽고 힘들다. 심각한 문제를 해결하고자 한다면 변호사, 법무사, 행정사, 임상심리사 등, 그쪽 분야의 프로가 있으니 그들을 찾아가면 된다. 상의해야 할 상대를 잘못 선택해서는 안 된다.

세 번째는 상의를 통해 조언을 받았다면 그걸로 끝을 내서는 안 된다는 점이다.

"이렇게 하는 게 어때?"라는 말을 들었다면, 실제로 그렇게 해보고 대답을 해주는 것이 좋다. "얼마 전에 이렇게 말해줘서 실제로 해보니 정말로 일이 잘 풀렸어요. 감사합니다."와 같이 결과를 보고하고 감사의 인사를 전해주는 것이 좋다. 상의를 해준 사람 입장에서는 내가 제시해준 방법으로 문제가 해결됐다는 얘기를 해주면 당연히 기쁠 수밖에 없다. 그렇게 관계를 쌓아나가면서 그 사람과의 관계는 더 돈독해질 수 있는 것이다.

자신의 고민을 누군가와 나누는 일이 어색한 사람이라면, 일단 자신의 대면력에 대해 질문을 던지고 의견을 물어보는 것부터 시작하는 게 어떨까.

"요즘에 반응을 보이고, 미소를 지으려 노력하는데 어떻게 생각하세요? 이전보다 좋아진 것 같나요?"

"회의할 때 말하는 법을 연습하고 싶은데, 제 말투의 단점은 뭘까요? '말끝을 흐린다'는 건 잘 알고 있는데, 그 외에도 주의할 만한 점이 있으면 가르쳐주세요."

질문이 구체적이면 구체적일수록 상대도 대답하기 쉽다. 이렇게 하는 데에는 또 다른 큰 장점이 있다. 바로 자신이 직접 질문을 하기 위해 움직였다는 점이다. 신경이 쓰이는 점이 있다면 최우선적으로 자신이 직접 물어보는 게 가장 좋은 방법이다.

인터뷰어가
된 것처럼
묻는다

목적을 가지고 다른 사람을 만나 자신이 원하는 정보를 정확하게 상대에게서 이끌어내는 것이 '취재력'이다. 평소에도 사람을 만나 이야기할 때 무언가 새로운 정보를 끌어낼 기회라 생각하고 '취재'를 하는 느낌으로 상대와 접촉하면, 그냥 어쩌다 얼굴을 마주쳐 그저 그런 이야기만 하고 마는 일이 사라진다. 질문을 하는 방법도 변하고, 질문도 매우 정교해진다.

정교한 질문이란 단순히 "이것에 대해 어떻게 생각하십니까?"라는 하나의 질문을 말하는 것이 아니다. 어떻게 물으면 상대가 그 질문에 대해 쉽게 대답할까, 불편하지 않게 대답해줄까를 생각하는 것이 바로 취재력이다. 짧은 시간에 자신이 몰랐던 것을 알아냈다면 최소한 겉으로 드러난 정보보다는 더 이끌어낸 것이다. 정보보다 더 깊은 감정적인 부분을 이야기로 이끌어낼 수 있다면 물론 더 좋다.

더욱이 취재를 하는 느낌으로 접근할 때의 장점은 주관적인 자신에게서 조금 거리를 두고 객관적인 자세로 이야기하기 쉽다는 것이다.

예를 들어 병원에 갈 때는 아픈 증상을 빨리 치료해주었으면 좋겠다는 생각으로 수동적이 되기 쉬운데, 의사와 인터뷰를 한다는 생각으로 병원에 가면 나의 증상에 대해 질문을 던지는 것도, 치료 방법에 대해 자세하게 묻는 것도 어렵지 않게 된다.

"오늘은 이걸 물어보길 잘했다."는 생각이 들면, 사람과 만나 이야기하는 것이 더욱더 즐거워진다.

자신이 취재를 당하는 입장이라면 어떻게 이야기하는 게 좋을까를 생각해보는 것도 좋다.

평소에는 말이 없는 사람도 질문을 어떻게 하는가에 따라 부드럽게 대답을 잘 해주는 경우도 있다.

"오늘은 평소에 잘 하지 않는 말을 많이 했다."고 상대가 생각하도록 만들었다면, 그 인터뷰는 성공적이었다고 말할 수 있다. 상대도 대화를 즐겼으니 그야말로 의미 있는 시간을 보낸 것이다.

다양한 모임에 갈 때도 목적을 확실히 가지고 가는 게 좋다. "오늘은 몇 명과 이야기를 해보자.", "오늘은 이런 사람들이 모이니 이것에 관해 물어보자."와 같이 목표를 정하자. 취재하는 느낌으로 대화를 하는 것은 자신을 열린 사람으로 만드는 데에도 큰 도움이 된다.

진심은
바로
나오지 않는다

상대에게서 조금 더 진솔한 대답을 듣고 싶을 때는 어떻게 하면 될까. 일단 자신이 먼저 마음을 터놓는 '마중물 작전'이 좋다. 예를 들면 자신이 물건을 잘못 산 경험을 이야기하고 "이런 경험 없으세요?"라고 물으면 "저도 있습니다. 저는 이런 일이……." 하고 쉽게 대답을 해주기도 한다.

실수를 했거나 실패를 한 일이 아니라, 성공한 체험도 '마중물'이 될 수 있다. "제가 이런 일로 칭찬을 받아서 얼마나 기뻤는지 몰라요. ○○ 씨는 그런 경험 없으세요?"라고 물으면 쉽게 이야기를 꺼낸다.

"아, 이런 이야기를 하는 건 ○○ 씨가 처음이에요."라고 말할 수 있는 상대는 말하기 편한 사람, 이야기를 하면 오히려 마음이 홀가분해지는 사람이라 할 수 있다.

때로는 조금 끈질기게 물어보는 게 좋을 때도 있다. 한 번은 소개팅을 주선한 적이 있는데 나중에 여성에게 상대에 대한 인상을 물어보았다.

"으음, 너무 훌륭하셔서 저한텐 아까운 분이더라고요."

별로 만족스러운 눈치가 아닌 것처럼 보였다. 거절의 마음을 표현하고 싶지만, 상대에게 상처를 주지 않고, 또 주선자인 나에게도 미안한 마음에 완곡하게 표현을 한 것이다. 나는 주선자로서 앞으로 이런 일이 있을 때 참고하고 싶어 진짜 이유를 알고 싶었다.

"너무 훌륭해서 교제할 수 없다니 이상하잖아. 사실은 어디가 마음에 안 든 거야?"

두 번째 질문에도 대답을 해주지 않았다. 그래도 다시 한 번 더 물으니, "사실은……." 하고 처음으로 솔직한 마음을 털어놓았다.

"일에 대한 생각이나 자세가 제 입장에서는 이해하기가 힘들어서, 불안하게 느껴지더라고요."

삶에 대한 자세의 차이, 가치관의 차이는 거절할 만한 충분한 이유가 된다. 나는 그 말을 듣고 상대에게 완곡한 말로 이유를 전해주었다.

말하기 어려워하는 일에 대한 대답을 들으려면 최소한 세 번은 물어야 한다. 직장의 다양한 문제 때문에 회사를 그만두고 싶어 할 만큼 심각하게 고민하던 사람이 있다고 하자. "괜찮아?"라고 한 번 물은 정도로는 대부분 "괜찮습니다."라고 대답한다. 하지만 기회를 봐서 두 번, 세 번 계속 질문을 바꾸어 물으면 "이런 일 때문에 힘들어요." 하고 이야기를 한다.

"절대 대학엔 안 가. 난 공부가 싫으니까."라고 고집을 피우던 소년이 사실은 집안 사정이 나빴기 때문에 그런 소리를 했다는 사실을 알게 되는 경우도 있다. 이것도 몇 번씩 계속 물어야 알 수 있는 사실이다.

사람은 자신의 진심을 바로 말하지 않는다. 한 번 물어보고 상대의 마음을 다 알았다고 생각하는 사람이 있는데, 너무 안이한 생각이다. 물론 텔레비전 드라마의 자백을 강요하는 형사처럼 강압적으로 계속 질문을 반복해서는 안 된다.

중요한 것은 상대에게 질문을 하여 무언가를 알아내려는 자세가 아니라 상대와 함께 고민을 나누고, 공감하고 있다는 느낌을 전하는 것이다.

임상심리학자인 고(故) 가와이 하야오 선생님은 이런 이야기를 하셨다. 상대의 이야기를 '듣는다'는 것은 말을 받아들였는가 아닌가가 중요하지, 내용을 긍정했는가 부정했는가는 중요하지 않다고 말씀하셨다. 말을 받아들였다는 사실을 상대가 인지했다면 그걸로 충분하다는 것이다. 상대의 표면적인 대답보다는 일단 말을 받아들이는 게 중요하다.

억지로 재촉하지 않고 긴장이 풀려 자연스럽게 마음을 열고 말을 할 수 있도록 이끌어주는 것이 바로 '경청'이다. 아무 말도 하지 않고 가만히 고개를 끄덕이거나, 온몸으로 웃어주면서 '받아주는 것'만으로도 상대는 편하게 말을 꺼낸다. 이것이야말로 감정을 나누는 일이라 할 수 있다.

'균형 감각'이
필요하다

면접에서 자기소개를 할 때, 새로운 것에 도전하는 것을 좋아하는 사람은 자신이 얼마나 공격적이고 적극적인지 보여주려고 노력한다. 한편 사무적인 일을 잘 처리하는 사람은 자신이 얼마나 절제가 강한 사람인지 보여주기 위해 노력한다. 하지만 한쪽 면만을 부각시켜 보여주는 것은 효과적이지 않다.

요즘 인사담당자들은 얼핏 대조적으로 보이는 일이라도 모두 커버할 수 있을 만큼 시야가 넓고 유연한 사람을 원한다. 공격적이고 적극적인 사람은 가만히 놔두어도 계속 다른 일에 도전해나간다. 그런 사람에게는 어떻게 하면 절제하는 힘을 키워줄

/ 균형 감각은 모든 인간관계에서
꼭 필요한 감각이다. /

수 있을지가 오히려 문제이다. 채용 담당자는 특기가 아닌 부분에 어떤 인식을 가지고 있는지, 균형 감각을 갖추고 있는지를 더 보고 싶어 한다.

"저는 적극적인 성격이지만, 꼼꼼한 일도 착실하게 잘할 수 있습니다."

"꼼꼼하고 착실한 성격입니다. 하지만 과감하게 도전하는 능력을 키우기 위해 노력하겠습니다."

이렇듯 자신이 한 쪽으로 쏠려 있는 사람이 아니라 도전적인 면과 견실한 면을 모두 겸비한 균형 잡힌 사람이라는 사실을 전달할 필요가 있다.

자신의 장점만을 자신만만하게 강조하는 것이 아니라, 약점도 보강해나갈 수 있다는 사실을 보여줘야 한다. 하지만 대부분의 사람은 자신이 잘 할 수 있는 것이나 하고 싶은 일만 강조한다. 그래서는 '좋아하는 일에만 몰두할 것 같아.', '자신 있는 일만 열심히 하려고 하겠군.'과 같은 생각을 하게 될 가능성이 높다.

자신의 장점에 집착하지 말고, 그와는 반대되는 능력에도 관심을 가지고 있다는 사실을 전달할 필요가 있다. 사실 이 균형 감각은 취업 활동이나 면접 때에만 적용되는 문제가 아니다. 모든 인간관계에도 필요한 감각이다. 오래 교제하고 싶은 사람의 조건에 포함되는 것 중 하나이기 때문이다. 예를 들어 말을 많이 하는 사람을 '말 잘하는 사람'으로 느끼게 될지, '시끄러운 사람'으로 느끼게 될지는 상대를 배려하며 말하는가로 결정된다. 말은 많이 하지만 일방적이지 않을 때 사람들은 호감을 느끼는 것이다.

사람은 누구나
인정받고 싶은
욕구가 있다

칭찬을 받았다고 기분 나빠할 사람은 없다. 사람에게는 모두 인정을 받고 싶은 욕구가 있다. 어떤 형태로든 인정을 받고, 칭찬을 받고 싶어 한다. 그런 점에 주목해 아이들을 키울 때나, 인간관계를 원활하게 하고 싶을 때 칭찬의 효과를 이용하라는 이야기는 이젠 많은 사람이 잘 알고 있다.

칭찬은 세상을 밝고 건강하게 살아가기 위한 크나큰 힘 중 하나이다. 부정적인 평가가 사람을 더욱 분발하도록 자극하기도 하지만, 대부분은 사태를 더 안 좋게 만드는 경우가 많다. 칭찬은 사람을 따뜻하게 만들어준다. 칭찬 받은 사람의 마음도 따뜻해지고, 칭찬한 사람과 칭찬 받은 사람과의 관계도 따뜻해진다.

사람의 장점을 찾아 자연스럽게 칭찬하는 습관이 들어 있다면, 대면력은 이미 키워져 있다고 봐도 무방하다. 호들갑스러운 칭찬보다는 오히려 작은 특징을 발견해 무심한 듯 칭찬하는 편이 자연스럽다. 예를 들어 "그 옷, 굉장히 잘 어울려요."라든가, "손가락이 길고 예뻐요."라든가, "항상 대답이 빠르네요."라고 좋은 점을 꼭 집어서 칭찬하는 것이다.

칭찬을 할 때 중요한 점은 많이 해야 한다는 것이다. 샤워를 할 때 샤워기에서 물이 나오는 것처럼 칭찬을 계속해주어야 한다. 지속적으로 칭찬을 받으면 인정받고 싶은 욕구가 충족되기 때문에 스스로를 긍정하게 될 뿐만 아니라 자신감이 넘치게 된다.

칭찬은 받는 것도 물론 좋지만, 칭찬을 하는 것 역시 매우 기분 좋은 일이다. 이 방법은 우리도 쉽게 따라해 볼 수 있다. 직접적으로 칭찬하는 데에 익숙하지 않은 사람은 다른 사람에게 들은 정보의 도움을 받아보자.

"○○ 씨에 대해서 누구누구 씨가 칭찬을 하더라고요.", "이런 평판을 들은 적이 있어요."라고 말하는 것이다.

보통 누군가에게 들은 정보는 신빙성이 낮지만, 칭찬에 관한 정보는 반대로 누군가에게 들은 이야기이기에 더욱 신빙성이 높아진다.

당사자가 없는 곳에서 나온 이야기는 상대를 배려해 한 말이 아니기 때문이다. 객관적으로 보이는 만큼 칭찬을 들은 사람도 "아, 그런가요." 하고 부담 없이 받아들일 수 있다.

다른 사람이 한 말을 듣고 제3자로서 전해주는 것이기 때문에, 전해주는 사람도 덜 쑥스럽다. 전달한 사람, 칭찬한 사람, 칭찬받는 사람 모두 관계가 악화될 염려가 없다. 좋은 인간관계를 형성하는 트라이앵글이 완성된다.

나쁜 평판을 일일이 전해주는 사람이 있는데, 그런 정보를 전해주어 봐야 이득을 보는 사람은 아무도 없다. 몰라도 되는 정보를 듣게 될 사람에 대한 배려가 부족한 행동이다.

말이 아니라 몸짓으로 칭찬이나 공감을 표현하는 방법도 있다. 좋은 아이디어라고 생각하면 박수를 쳐보자. 상대도 나도 기분이 좋고, 관계도 돈독해질 수 있다. 공감, 감사, 위로의 마음을 담아 악수를 하거나, 어깨를 다독이는 가벼운 터치로도 마음을 주고받을 수 있다.

다른 듯
닮아 있는
장점과 단점

 칭찬을 잘 하기 위해서는 발상을 전환해야 한다. 다른 시점으로 보면 어떨까, 상대의 입장이 되어 보면 어떨까, 하고 생각을 해보는 것이다.

 나는 네 명이 한 조가 되어 각각 의견을 발표하고, 서로가 서로를 평가하는 수업을 자주 하는데, '1분간 부정적 평가하기' 시간을 마련해본 적이 있다. 평가를 듣는 조는 반론이나 변명을 하지 말고 순순히 받아들이는 것이 규칙이었다. 그 뒤 2분간 긍정적인 평가를 하도록 했다.

 부정적인 평가를 들을 때는 참 힘들다. 스스로에 대해 다시 한번 돌아보게 만드는 부정적인 평가도 있고, 절대 이해할 수 없는 평가도 있다.

하지만 연달아 긍정적인 평가를 많이 듣게 되면, 평가라는 것이 얼마나 다면적인지 확실히 알게 된다. '속도가 느리다'는 '신중하고 차분하다'로 바뀐다. '너무 가볍다'는 '밝다', '듣기 편하다', '친근감이 느껴진다'로 바뀐다.

매서운 지적을 뒤집어보면 칭찬의 요소가 된다는 사실이 확연하기 때문에 부정적인 지적에도 지나치게 낙담할 필요가 없고, 칭찬하는 말에도 지나치게 들뜰 필요가 없다는 사실을 피부로 느끼게 된다.

어떤 표현에 자신이 기쁜지 알게 되면, 다른 사람을 칭찬할 때의 표현도 더욱 풍성해진다. 장점과 단점은 다른 듯 닮아 있다. 부정적인 단어를 긍정적인 단어로 바꿔주는 네거티브 사전과 스마트폰의 애플리케이션도 있다.

이런 아이디어를 내고 실행에 옮긴 사람은 제작 당시에 고등학생이었던 두 여성이다. 600개 이상의 단어를 부정적인 느낌에서 긍정적인 느낌으로 바꾸어 수록했다.

이것을 살펴보다 보니, 어느새 부정적인 표현을 긍정적인 표현으로 바꾸는 사고가 버릇이 되어 있었다. 그러자 자신의 현재의 상황조차도 "이건 이런 말로 바꿔 말할 수 있어."라는 생각이 저절로 들었다.

어떻게 발상을 바꿀 것인지 사고 패턴을 익혀서 자기 부정을 자기 긍정으로 바꾸는 노력이 필요하다.

대면이란
'교환'이다

　영국의 과학 저널리스트 매튜 리들리는 현 인류인 호모 사피엔스의 번영에 관한 수수께끼를 연구했다. 호모 사피엔스 외에도 지능이 높은 인류가 살았는데, 왜 현 인류만이 계속 살아남았는지 그 이유를 '교환'이라는 개념에서 찾고 있다.

　예를 들어 네안데르탈인도 석기를 사용했었다. 그리고 뇌의 크기를 따지면 후기 네안데르탈인의 경우 현 인류보다도 컸다. 하지만 그들은 급속한 문화적 변화를 경험해보지 못하고 멸망했다. 네안데르탈인은 자신들이 사는 지역에서 얻을 수 있는 것들만 사용해 생활했기 때문에 종의 확대에 필수적인 발전을 이루지 못한 것이다.

한편 호모 사피엔스는 자신들의 지역에서 채집하지 못하는 물건을 어떻게 하면 얻을 수 있는지 알고 있었다. 예를 들어 흑요석을 구할 수 없는 곳에 살던 사람들이 흑요석 화살촉을 사용했던 흔적이 발견되었다. 무언가를 흑요석과 '교환'했던 것이다. 흑요석을 구할 수 있는 지역 분포를 조사하면 실제로 어느 지역 사람들과 교류가 있었는지 파악할 수 있다고 한다.

사람은 교환을 통해 거래를 함으로써 분업이라는 개념을 발견했고, 결국 비약적인 발전을 이루었다. 매튜 리들리는 이 교환이라는 개념을 '아이디어의 생식'이라고 정의했다. 아이디어로 인해 서로 다른 것이 연결되고 새로운 것이 생겨났다. 현재의 문명은 그런 식으로 고도의 발전을 이루었고, 우리들이 지금처럼 번영할 수 있었던 것도 교환하는 능력이 있었기 때문이다.

우리는 교환을 하면서 살아가는 사람들이다. 그리고 교환의 가치는 자신은 구할 수 없었지만 다른 사람은 가지고 있는 것을 받아들여, 자신이 가지고 있는 것만으로는 이룰 수 없는 긍정적인 효과를 낳았다는 것에 있다.

인터넷에서 '좋아요, 좋아요'를 누르는 것은 상대의 의견에 동의하는 것이다. 교환이 아니다. 같은 것을 주고받는 것으로는 새로운 가치가 생겨나지 않는다.

　이질적인 것을 교환하면 변화가 일어나고, 진화가 발생한다. 교환이 의미가 있는 이유는 이종 간의 결합, 즉 전혀 다른 것으로 변화한다는 점에 있다. 빨간 클립 한 개를 교환을 통해 1년 뒤에 집으로 교환할 수 있었던 한 남성이 있다. 빨간 클립은 발전기나 스노모빌, 차로 바뀌었고, 할리우드 영화에 출연할 수 있는 권리라는 무형의 자산으로 변형되더니, 결국 집 한 채가 되었다.

　이 이야기가 재미있는 이유는 그가 그저 집에 가만히 앉아 인터넷만 했던 것은 아니라는 점이다. 교환할 물건이 쓸 만한지 어떤지 확인하기 위해 교환을 신청한 사람을 직접 만나러 갔다. 그렇게 그는 사람들과 직접 만나며 교류를 넓혀 갔다. 그 과정에서 인적 교류가 늘어났고, 미디어에도 소개되었다. 그리고 그의 이야기는 책으로도 출간되어 전 세계의 사람들에게 관심을 받는 존재가 되었다. 그것은 집을 마련한 것 이상으로 큰 재산이라 할 수 있다.

　모르는 사람들과 얼마나 교류할 수 있는가. 새로운 만남은 두근거리는 즐거움도 있지만, 때로는 크게 실망을 안겨줄 때도 있다. 하지만 그것이야말로 이종 간의 결합이다. 다른 사람과 교환할 수 있는 것이 가치 있는 일이라 생각하는 것이 중요하다. 실망했다고 중간에 교류를 포기하면 나의 세계도 더 이상 넓어질 수 없음을 알아야 한다. 그렇게 할 수 없다면 뇌가 아무리 커도 교환을 몰라 멸망한 네안데르탈인처럼 될 뿐이다.

CHAPTER

대화가
필요한 순간,
내가
빛나는 시간

/

다른 사람은 나의 가능성을 넓히는 계기가 된다

서로를 자극하는 쾌감은 새로운 가치가 탄생하는 순간이다

'낯가림'도 전략이 될 수 있다

관계 맺는 일을 두려워하지 않는다

인격과 일은 분리해서 생각한다

매일 다른 사람과 식사를 해보자

긴장이 풀리면 탄력 넘치는 관계를 만들 수 있다

온몸을 쓰면서 대화한다

모든 것이 사람과의 관계 속에서 일어나는 일이다

이해를 깊어지게 하는 가장 좋은 방법은 마주하는 것이다

악수는 물리적으로 상대와 연결되는 인사이다

/

다른 사람은
나의 가능성을 넓히는
계기가 된다

　다이어트에서 공부법에 이르기까지 따라하면 바로 효과를 볼 수 있다는 광고가 넘친다. 이러한 것들은 대부분 지속적인 효과가 없는 경우가 많다. 지속적으로 무언가를 하려고 할 때 가장 중요한 것은 '쾌감에 눈뜨는 것'이다. 힘들고 어려운 일은 역시 계속하기가 어렵다. '이걸 하면 즐겁다'라든가, '효과가 나타나는 모습을 확실히 확인할 수 있어 좋다' 같은 쾌감이 있으면, 뭐든지 계속해나갈 수 있다.

　하지만 딱 한 번으로 지속하고 싶은 쾌감을 느낄 수 있는 일은 매우 드물다. 처음 가는 장소에서 뭔가 자신과 공기가 맞지 않다는 생각이 들면, 바로 피해버리는 사람이 있다. 중학교의 동아리 활동만 봐도 힘든 연습을 견디며 점점 익숙해져 가는 사람이 있는가 하면, 몇 번 나왔다가 금방 그만두는 사람도 있다. 사실 2개월 정도 계속하면 "아, 이런 거구나.", "이런 건 좀 힘을 빼고 해도 되겠어.", "선배한테는 이렇게 말하면 되겠지?" 같은 감각이 생기는데, 그 전에 포기해버리는 사람이 생기는 것이다.

사람과의 만남도 마찬가지로, 첫인상이 좋지 않더라도 두 번, 세 번 만나 보는 게 중요하다. 첫인상은 별로였지만 두 번, 세 번 데이트를 해보고 "이런 면도 있었구나.", "좋은 사람일지도 몰라."라는 생각이 들어 교제하게 되는 경우도 있다. 사이가 좋은 부부도 "첫인상은 정말 최악이었어요."라고 말하는 사람도 꽤 많다.

일을 할 때에도 마찬가지로, 여러 착오로 인해 "이 사람과는 두 번 다시 일하고 싶지 않아."라고 생각했는데, 의외로 오랫동안 같이 일을 하게 되는 경우가 있다. 실수와 착오를 반복하는 사이에 서로의 거리감을 확실히 파악하게 되어 의외로 불편함 없이 일을 하게 되는 것이다.

뭐든지 세 번은 해 봐야 한다. 관심이 가는 사람이라면 세 번은 만나보자. 딱 한 번 만나고 바로 안 만나는 게 좋다고 판단해버리면, 자신과 어울리는 상대를 만나지 못한 채, 지금까지 교제를 해왔던 사람과 비슷한 타입의 사람만을 선택하게 된다. 자신과는 다른 개성을 지닌 사람, 자극을 안겨줄 만한 사람이 더욱 자신의 가능성을 넓혀 준다.

새로 만나는 사람에게서 내가 자극을 느끼는지, 안정감을 느끼는지 생각해보자. 자극은 적지만 마음 편하게 교제할 수 있는 사람은 원활한 인간관계를 맺기 위해 중요한 존재이다. 하지만 같이 있을 때 자극을 주는 사람 또한 중요하다. 같이 있으면 무슨 말을 할지 알 수 없는 사람이 있다. 같이 있을 때 자신은 상상도 할 수 없는 말을 하거나, 일을 하는 사람도 있다. 그런 사람과 같이 있으면 자신에게는 없는 감각을 맛볼 수 있다.

나쁜 남자가 여자에게 인기가 있는 이유는 안정감은 없지만 굉장한 자극이 되기 때문이다. 위험한 매력이 아마 여성을 끌어당기는 게 아닐까. 자신을 뒤흔드는 듯한 감각이 자신의 가능성을 넓히는 계기가 된다.

때때로 만나면 만날수록 자신과는 어울리지 않는다는 생각이 강하게 드는 상대도 있다. 세 번 만났는데도 "역시 이 사람은 안 되겠어."라는 생각이 든다면, 그냥 포기해도 좋다. 그때는 억지로 만날 필요가 없다. 인연이 아니라고 생각하면 그만이다.

내 친구 중에 조금은 까다롭고 다가가기 어려워 보이는 남자가 있다. 그 친구는 첫인상이 무뚝뚝하기 때문에 여성과 첫 번째 데이트를 한 뒤에 좀처럼 관계를 계속 이어가지 못했다. 무심코 한 말에 쉽게 오해를 사고 마는 것이다. 하지만 이런 성격도 친구인 내가 보기엔 사실은 거짓 없는 성격 탓이다. 일단 친해지면 그 사실을 확실히 알 수 있는데, 첫인상만으로 다양한 관계 속에서 손해를 봐왔던 것이다. 그런데 첫 만남 때 그 친구의 본질을 느낀 여성이 나타났다. 그 친구는 그 여성과 결혼하여 행복하게 살고 있다.

나와는 다른 사람의 개성을 받아들일 수 없다고 생각하기보다는, 그런 개성이 있기에 그 사람 고유의 느낌이 있다고 생각하는 것이 다른 사람과 자연스럽고 편안하게 어울릴 수 있는 방법이다.

서로를 자극하는 쾌감은
새로운 가치가
탄생하는 순간이다

대담을 하다 보면 기업의 CEO들과 만날 기회가 많은데, 다들 정말로 대면력이 높다. 경력을 쌓아가면 갈수록 일을 할 때 대면력이 더욱 필요해지는 데다, 다양한 경험을 통해 점점 대면력이 단련되기 때문이기도 할 것이다. 사회생활을 하면서 대면력의 필요성은 더 확고해진다. 회사에서는 대면력의 유무에 따라 더 높은 위치로 갈 수 있느냐 없느냐가 결정되기도 한다.

최고의 운동선수들도 대부분 대면력이 높다. 대면력이 성공의 필수조건이 아닐까 하는 생각이 들 정도다. 프리랜서로 왕성한 활동을 하는 디자이너나 광고기획자들도 대부분 대면력이 높다. 자사의 브랜드 이미지를 만들거나, 상품 판매 전략을 맡기며 많은 자금을 투자해야 하는 기업주들은 마음에 들지 않는 기획은 바로 폐기하고, 터무니없는 요구를 하기도 한다. 그런 과정 속에서 상대의 요구에 적절히 대응하고 반응하는 대면력이 필수인 것이다.

일본 디자인계를 대표하는 아트디렉터인 사토 가시와와 대담을 할 기회가 있었다. 가시와는 처음엔 반드시 거래처 사람과 만나 면밀하게 대화를 나눈다고 한다. 상대가 정말로 요구하는 것은 무엇인가, 어떻게 해야 최종 제안으로 받아들여 줄 것인가 등, 상대가 말로 표현하지 못하는 부분을 세세한 질문을 통해 알아낸다고 한다.

그때 상대의 정확한 목적을 알아내 "그건 이런 걸 말씀하시는 거죠?"라는 결론을 내릴 수 있기 때문에, 상대에게 신뢰를 받으며 일을 할 수 있는 것 같다. 상대는 자신이 막연하게 생각했던 이미지조차도 정확하게 파악하는 모습을 보고 신뢰를 느끼는 동시에, 창조적인 이야기를 하면서 '서로가 서로의 생각을 자극하는 쾌감'을 맛보고 있음에 틀림없다.

유니클로의 야나이 다다시 사장은 사토 가시와를 처음 일 대 일로 만났을 때, "뉴욕에 점포를 낼 생각인데 회사의 콘셉트를

CHAPTER 4 대화가 필요한 순간, 내가 빛나는 시간

/ 대화 속에
평범하지 않는 '자극'은
새로운 가치가 탄생하는
시작 지점이다. /

상의하고 싶다."고 말을 한 뒤, 그 자리에서 "전부 맡기겠습니다."라고 말했다고 한다.

처음 만나 겨우 한 시간 정도 대화를 나누었을 뿐인데 매우 본질적이고 중요한 사항들이 잇달아 결정된 이유는, 그 대화 속에 평범하지 않은 '자극'이 가득해 서로가 곧장 의기투합할 수 있었기 때문이 아닐까. 서로를 자극하는 쾌감이야말로 새로운 가치가 탄생하는 시작 지점이다.

최고의 아트디렉터인 사토 가시와는 디자이너로서의 뛰어난 능력과 지식, 경험에 더해 고도의 대면력을 지니고 있기 때문에 일류가 될 수 있었고, 큰 프로젝트를 도맡을 수 있었던 것이다. 비슷한 능력을 가지고 있다고 해도 대면력이 낮으면 비슷한 정도의 활약을 하기는 어려울 것이 틀림없다. 상대의 생각을 자극하는 힘, 상대의 생각의 틈새를 파고드는 힘이 일류를 만든다.

스스로의 상황에 비관할 필요는 없다. 누구나가 큰 프로젝트를 성공시키거나, 창조적인 일을 할 수 있는 것은 아니다. 작은 자극으로 인한 확산을 계속 쌓아나가며 대면력을 점점 향상시키면 언젠가는 나의 자리에서 역할을 제대로 해내고 있을 것이다.

대화를 하다가 적절한 대답을 했다. 서로의 웃음을 이끌어냈다. 처음에는 그 정도로도 충분하다. 사람과 만나 조금씩 그런 '쾌감'을 만들어가는 게 중요하다. 계속 그런 일들을 축적해가면 대면력과 일을 하는 능력을 확실하게 향상시킬 수 있다.

'낯가림'도
전략이
될 수 있다

"말을 잘 못해요.", "낯을 가려서…….", "제가 먼저 적극적으로 말을 할 성격이 못돼요."라고 말하는 사람이 있는데, 사실 사람을 마주하거나 커뮤니케이션을 할 때 말수가 적은가, 많은가는 그다지 중요한 사항이 아니다.

과묵해도 중요한 순간에 날카로운 의견을 제시하는 사람은 상대에게 신뢰를 받는다. 낯을 가려도 상대에게 호감을 주어 많은 친구를 사귀는 경우도 있다. 자신은 거의 말을 하지 않는데, 왜인지 사람들이 자신에게 계속 중요한 이야기를 해준다는 사람도 있다.

상대가 "말을 하기 힘들다."고 느끼는 가장 큰 이유는 과묵하기 때문이 아니라 오히려 "이 사람이 과연 내 말을 제대로 들어주고 있는 것일까?" 하는 의문 때문이다. 상대의 이야기를 진지하게 들어주고, 계속해서 반응을 보여주는 사람과는 말을 하기가 매우 쉽다.

계속 잘난 척만 하는 사람, 자기 얘기만 일방적으로 계속하는 사람, 너무 수다스러워 오히려 신뢰가 가지 않는 사람도 있다. 그에 비하면 과묵한 사람은 '성실하고 이야기를 잘 들어주는 사람'이라는 느낌을 준다. 과묵하다고 움츠러들 필요는 없다. "당신이라는 새로운 세계와 만날 수 있어 매우 기대가 됩니다."라는 느낌을 전달할 수만 있다면, 상대는 자연스럽게 이끌려온다.

"진짜 내 모습은 이렇지 않은데…….", "하고 싶은 말을 제대로 전달하지 못하고 있어."라고 생각하는 사람도 있는데, 상대와 마주했을 때 제대로 의사소통이 되지 않는 진짜 이유는 그런 것 때문이 아니다.

상대는 '내 말을 들어줄까'를 가장 중요하게 생각한다. 그렇기 때문에 자신의 듣는 자세가 어딘가 부족한 게 아닐까 살펴보는 쪽이 문제 해결에 더 큰 도움이 된다. 자신의 마음속에 상대를

/ 자신의 마음속에 상대를 받아들이고 싶지 않은
무언가가 있는 게 아닐까 돌아본다. /

받아들이고 싶지 않은 무언가가 있는 게 아닐까 돌아본다.

　달변은 아니라도 기분 좋은 대화를 나눌 수 있는 사람이 있다. 상대에 대한 작은 배려는 호감으로 이어지는 것이다. 삶을 대하는 진지한 자세와 성실함은 누구에게나 좋은 인상을 주고 대면력을 높일 수 있는 요소이다. 과묵하거나 부끄럼을 많이 타거나 말을 잘하지 못해서 자신감이 없어도, 대면력을 키울 수 있다. 내가 다른 사람에게 무엇을 해줄 수 있는지 생각해보자. 그런 생각에 근거한다면 과묵한 성격도 장점이 될 수 있다.

관계 맺는 일을 두려워하지 않는다

    요즘 아이들은 세상이 험해서 그런지는 몰라도 모르는 사람이 말을 걸면 대답도 하지 말라는 교육을 받는다. 그로 인해 아이들은 모르는 어른은 무서운 사람이라는 선입관을 가지고, 모르는 사람이 말을 걸면 깜짝 놀라며 몸을 움츠리기도 한다.

    이렇게 아는 사람과만 교류를 하다 보면, 새로운 사람과 만나 교류하는 것이 무섭고 힘든 일이라 생각되는 것도 어쩌면 당연한 일이다. 물론 신중하고 조심스럽게 관계를 맺고 주의를 해야 하는 것도 필요하지만, 사람을 두려워하게 되지는 않을지 걱정되는 것도 사실이다. 다양한 사람과 직접 만나 대면력을 기를 필요가 있다. 만나도 괜찮은 사람인지, 아니면 만날 필요가 없는 사람인지는 직접 만나보면서, 사람에 대한 감각을 키워나가며 알아가는 것이기 때문이다.

이러한 영향으로 요즘에는 사회에 나오기 전에 모르는 사람과 만나는 일에 어려움을 느끼는 마음의 장벽을 먼저 제거할 필요가 있다. 친구들과는 아무런 문제없이 잘 어울리는데, 나이나 입장, 생각과 느낌이 다른 사람과 관계를 맺지 못하는 사람이 늘었다.

몇 년 전 학생과에서 주의해야 할 인물로 찍힌 여학생이 있었다. 밟아야 할 절차를 몇 개씩 빼먹었고, 성적도 그다지 좋지 않았다. 치명적이지는 않지만 작은 문제도 자주 일으켰다. 하지만 그 여학생은 발군의 대면력을 지니고 있었다. 특유의 친화력으로 실수를 해도 미워할 수 없는 성격이었다.

그 여학생이 교육 실습을 가게 되었다. 무슨 문제라도 생기지 않을까 학생과 직원들은 걱정을 많이 했는데, 다행히 아무런 문제없이 실습을 잘 마치고 돌아왔다. 교감 선생님과 소통을 처음부터 잘 해두어 여러모로 활동하기가 편했다고 한다. 정말 어린 학생답지 않은 대면력을 지닌 것이다.

그 대면력을 무기로 취업 활동을 하자, '취업의 여왕'이라 불릴

만큼 이곳저곳의 합격 통지서를 받았다. 한 기업에 취직을 했는데, 6개월 뒤에는 비서실에 배속되어 사장 비서가 되었다. 비서로서 가장 필요한 업무 능력인 뛰어난 대면력을 인정받아 중요한 자리에 오를 수 있었던 것이다.

이런 것도 실력 곧, '처세술'이 뛰어나다고 할 수 있다. 평범한 학생들은 나이차가 많이 나거나, 사회적인 지위가 높은 사람은 어렵게 생각하는 경우가 많고, 웬만하면 만남을 꺼려하는 경우가 많다. 교육 실습을 나가서 교감 선생님이나 교장 선생님과 만나서 이야기를 하려는 사람은 거의 없다고 해도 과언이 아니다. 하지만 그 여학생은 "같은 세대의 학생들과 이야기하는 것보다 사회 경험이 풍부한 어른들과 이야기하는 게 더 즐겁다." 라고 말하면서, 의도적으로 그런 사람들과 접촉하기 위해 노력했다.

최고의 지위에 오른 사람과 같이 있으면 그 경험을 토대로 스스로를 단련할 수 있다. 평소에 이렇게 다양한 사람과의 대화로 경험을 쌓은 학생과, 편한 친구와만 커뮤니케이션을 해온 학생은 경험의 양이 하늘과 땅 차이로 벌어진다.

"그렇게 대단한 사람을 만나 무슨 얘길 하면 되지?"라고 생각하는 사람은 크게 성장할 수 없다. 관계를 맺는 일을 두려워하지 않고 누구와도 이야기할 수 있는 대면력은 인생을 더 풍요롭게 해준다. 젊은 사람은 적극적으로 '자신보다 훨씬 경험이 풍부한 어른'과 어울리는 게 좋다. 이런 만남을 통해 자신의 실력을 끌어올릴 기회를 많이 발견하게 될 것이다. 경험이 풍부한 사람, 그리고 자신의 위치에서 최고가 된 사람과의 대화는 나를 성장시키는 기회인 것이다. 그들과 대화를 하는 데 특별한 재능은 필요 없다. 그저 두려워하지 않는 마음과 적극성, 대면력일 뿐이다.

인격과 일은
분리해서
생각한다

　얼굴을 마주하고 한 번이라도 인사를 해본 사람과만 전화 통화를 할 수 있는 사람이 있다고 한다. 아주 우수한 인재인데 아무리 뛰어나다고 해도 전화를 걸지 못한다면 업무 처리가 제대로 될 리가 없다.

　요즘 사람들은 대부분 아는 사람과만 전화 통화를 한다. 전화가 오면 휴대전화에 등록한 상대의 이름이 표시된다. 모르는 사람에게서 전화가 오면 받지 않고, 자신도 모르는 사람에게는 전화를 걸지 않는 것이다. 안면이 없는 사람과 이야기할 기회가 거의 없다. 그래서 만난 적이 없으면 전화를 할 수 없다든가, 누구에게 걸려 온지 모르는 전화는 받을 수 없는 사람이 생기게 된 것이다.

경험이 없는 일을 하는 것에 대해 지나친 두려움을 가진 탓에, 최근에는 자기방어 의식이 지나치게 높아져버렸다. 창피를 당하거나 자신이 상처받을까 봐 두려워 피하고 싶다는 의식이 지나치게 커져버린 것이다.

자의식이 지나치게 비대해지면, 몸이 움츠러들어 아무런 반응을 보이지 못하게 된다.

앞에서 말한 사람은 우수한 성적으로 명문대를 졸업했고 입사한 지 6개월이 지났는데도 여전히 전화 업무를 잘 처리하기 못한다고 한다. 이러면 일 처리를 제대로 할 수가 없다. 사회인으로서 치명적인 문제이다.

자의식에서 자신을 해방시키려면 어떻게 해야 할까. 먼저 '자신'에게 집중된 마음을 일단 옆에 내려놓아야 한다. 이건 자신에게 부여된 '역할'이지 자신의 '인격'과는 아무런 상관이 없다고 생각하는 게 좋다. 역할로서 부여된 것이니, 상대가 자신을 차갑게 대했다고 해서 자신의 인격이나 자존심에 상처를 입었다거나 부정당했다고 생각할 이유가 없다. 그렇게 따로 분리해서 생각해야 한다.

예를 들어 길거리에서 모르는 사람에게 말을 걸어 미용실 커트모델이 될 것을 권유하는 아르바이트를 한다고 치자. 자의식이 너무 강하면 "수상한 사람이라고 생각하면 어쩌지?", "창피해.", "사람들이 화를 내는 게 아닐까?" 같은 생각이 머릿속을 빙빙 맴돌아 적극적으로 말을 걸 수 없게 된다. 하지만 상대의 입장에서 보면 이쪽이 누구인지, 어떤 사람인지 아무런 관심이 없다. 누가 말을 걸어도 똑같이 반응할 게 틀림없다.

상대가 차가운 태도를 보인다고 해도 그것은 자신이라는 사람에 대한 거부감이 아니라, 상대가 그런 역할을 하고 있기 때문에, 그리고 자신이 원하는 게 아니어서 거부감을 나타내는 것일 뿐이다. 그렇기에 낙심할 필요도, 인격을 부정당했다고 생각할 필요도, 자존심에 상처를 입었다고 고민할 필요도 전혀 없다.

자의식에서 자신을 해방시키는 또 하나의 방법은 프로 의식을 지니는 것이다. '이것은 일이다'라는 의식에서 더욱 진보한 발상으로, "나는 프로다. 하고 싶은 것만 하고, 할 수 있는 것만 하는 사람은 아마추어다. 프로는 해야 할 일을 철저하게 완수해 돈을 버는 사람이다."라고 생각하자. 그러면 얼마나 짧은 시간에 효율적으로 일을 완수할 수 있을지에 정신을 집중할 수 있다.

젊은 시절 아르바이트로 단조롭고 지루한 일을 한 적이 있다. 일 자체의 재미를 느낄 수 있는 일은 아니었지만, 이 일을 어떻게 하면 빨리 완벽하게 마무리할 수 있을까 고민하며 했더니 일이 매우 재밌게 느껴졌던 경험이 있다. '내가 해야 할 일'이라는 점에 초점을 맞추었기 때문이다.

인격과 자존심을 일과 분리해서 생각하면 상처받을 일이 없다. 상대와 직접 마주하는 상황에 익숙한 사람은 이러한 자의식의 회로를 분리하는 일에 능숙한 사람이다. 자의식을 완전히 지우기는 어렵다. 하지만 자신이 놓인 입장에 따라 자의식을 분리할 수 있다면, 아마도 더욱 편한 하루하루를 보낼 수 있으리라 생각한다.

매일
다른 사람과
식사를 해보자

점심을 같이 먹는 것만으로도 인간관계가 좋아질 수 있다. 점심 식사를 같이 하는 사람은 의외로 항상 정해져 있다. 주변을 둘러보면 같은 직장을 다니는데도 같이 점심을 먹어 보지 못한 사람이 꽤 있으리라 생각한다.

항상 같이 점심을 먹는 사람이 아닌 다른 사람에게 같이 식사를 하자고 제안을 해보자. 점심시간은 대부분 한 시간 정도로 시간이 한정되어 있고, 음식을 먹으며 대화를 해야 하기 때문에 많은 대화를 할 필요도 없다. 상대도 같이 점심을 먹는 정도니 가볍게 응하기도 쉽다.

주변의 대인관계에 변화를 줄 수 있는 기회가 매일같이 존재한다는 사실에 주목해보자. 말을 걸 때 작은 용기가 필요하지만, 자신의 장벽을 부수는 훈련이라 생각하고 한번 시도해보는게 좋다. 또는 사원 식당에서 아는 사람이 밥을 혼자 먹고 있다면, 살짝 다가가 "여기 앉아도 될까요?" 하고 물은 후 옆에 앉아 식사를 해보자. 상대가 먼저 식사를 마칠 것 같으면, "먼저 가세요. 저는 좀 더 시간이 걸릴 것 같네요."라고 하면 상대도 마음 편히 자리를 뜰 수 있다.

나는 수많은 사람들 앞에서 말을 해도 긴장을 하지 않지만, '일 대 일'인 상황에서는 말을 걸 때 살짝 긴장한다. 점심도 혼자 먹는 게 마음이 편하다. 하지만 한마디 말을 걸어 같이 식사를 하는 것만으로도 그때까지 별로 친하지 않았던 사람과의 관계가 순식간에 변화된다는 사실을 깨달은 뒤로는, 의식적으로 말을 걸려고 노력하고 있다.

자리를 찾는 중에 상대의 존재를 눈치챘다면 그쪽을 향해 다가간다. 목표로 한 상대가 이쪽을 보고 살짝 눈짓을 보낸 순간, "여기 앉아도 될까요?"라고 말하면서 슬쩍 마주 앉는다. 상대가 시선을 떨구고 있을 때 말을 걸기는 어렵지만, 눈이 마주친 순간을 놓치지 말고 자연스럽게 앉을 수 있는 타이밍을 잡는다.

그 미묘한 타이밍을 파악할 수 있게 되면, 타인에게 말을 거는 게 전혀 어렵지 않게 느껴진다. 몇 번 같은 시도를 반복하다 보면 그 타이밍을 파악하는 일이 크게 어렵지 않다는 사실을 깨닫게 될 것이다.

평소에는 큰 교류가 없어도 가끔 같이 점심을 먹으며 잡담을 나눌 수 있는 사람, 그런 사람이 많으면 기분 전환도 되고, 매번 새로운 자극을 받을 수도 있다. 스쳐 지나갈 때 고개만 끄덕여 인사하는 사이라면, 아무리 시간이 지나도 그냥 얼굴만 아는 사이일 뿐이다. 스쳐 지나갈 때 잠깐 멈춰 서서 이야기할 수 있는 관계가 되면, 비로소 아는 사람이라는 느낌이 든다. 점심을 같이 먹으면 잠깐씩 만나는 친구 관계 정도는 될 수 있다. 그렇게 대인관계를 서서히 넓혀가면, 지금보다 훨씬 더 직장 환경에 편안함을 느끼리라 생각한다.

긴장이 풀리면
탄력 넘치는 관계를
만들 수 있다

    직장인이라면 회사의 회식 자리를 무조건 싫어해서는 안 된다. 예전에는 회식에 빠지는 일은 있을 수도 없는 일이었다. 회식이 있으니 당연히 가야 한다고 생각해두면, 점차 자연스럽게 받아들이게 된다. 가지 않아도 된다고 생각하기 시작하면, 점차 "어떻게 도망갈까." 하고 고민만 커진다.

    옛날에는 강압적인 분위기로 회식에 빠지는 것을 막았지만 요즘에는 상사들도 부하 직원의 눈치를 살펴야 한다. 오히려 나이가 많은 사람들이 "억지로 회식에 참가하라고 해서는 안 되지.", "괜히 싫은 자리에 오라고 해서 부하 직원과 사이가 벌어

/ 조금은 긴장이 풀린 상태에서
서로 교제를 나누면 탄력 넘치는
대인 관계를 만들 수 있다. /

지면 좋지 않지."라고 하면서 상사들이 오히려 더 걱정이다. 하지만 그들의 솔직한 심정은 그런 자리를 통해서 친분을 쌓고 관계를 돈독하게 하자는 것인데, 친해지기 힘들다고 생각할지도 모른다.

회식 자리를 통해 얻는 것은 무엇일까? 보통 회식을 하면 가볍게 술을 마시는 경우가 많다. 술을 마시면 긴장이 풀리고 조금 더 편하게 대화를 주고받을 수 있다. 대화 속에서 같이 웃으며 친근해지는 것이다. 평소의 틀을 벗어나 친밀하게 어울리다 보면 서로에 대해 더 잘 알게 된다.

처음부터 무조건 거부감을 느끼지 말고 내가 해야 할 일이라는 생각으로 회식 자리에 참석해보자. 의외로 재미있는 발견을 하게 될지도 모른다.

내가 메이지 대학의 교수로 임용된 때가 서른세 살이다. 당시 선배 교수님들은 신입이었던 나를 "사이토 씨, 어떤가. 오늘은 같이 한잔할까?" 하고 술자리에 초대해주셨다. 놀랄 정도로 많은 분들이 나를 초대해 술을 많이 사주셨다. 일단 한 번 같이 술을 마시면 순식간에 친해질 수 있다. 덕분에 새로운 환경에 쉽게 적응할 수 있었다.

한 번 제의를 했는데 거절하면 그 다음부터는 좀처럼 말을 거는 일이 힘들어진다. 그래도 두 번, 세 번에 걸쳐 초대해주는 상사나 선배가 있다는 것이 얼마나 고마운 일인지 알았으면 좋겠다.

회식만큼 대면력 연습이 되는 자리도 참 드물다. 그냥 즐겁게 즐기고자 하는 술자리라면 친한 친구들과 모이면 된다. 직장의 회식은 세미나나 스터디 중 하나라 생각하고 적극적으로 참가하자. 회사에 들어가 존경하는 선배와 술을 잘 마시는 사람은 그 직장의 근속 년수가 길다는 주장도 있다.

배울 점이 많은 선배에게 친근하게 어려운 문제를 상의할 수 있을 뿐만 아니라, 긴장이 풀린 상태에서 서로 교제를 나눔으로써 탄력 넘치는 대인 관계를 구축할 수 있기 때문이다. 만약 일에서 보람을 느끼고 지금 다니는 직장에서 성과를 내고 싶은 사람이라면 일만 열심히 할 게 아니라 선배와 함께 술을 마실 수 있는 기회를 소중히 여겨야 한다.

온몸을
쓰면서
대화한다

　요즘 젊은 세대는 패기가 부족하다는 소리를 종종 듣는다. 성실하고 지시에 잘 따르며, 과제를 주면 열심히 노력해 완벽하게 처리하지만 자발적으로 무언가를 하려 하지는 않는다고 한다. 자기 생각을 드러내기보다는 대세에 따르려는 경향이 강하고, 창피를 당하거나 상처받는 일을 두려워한다. 너무 얌전해서 거친 세상의 풍파를 이겨낼 수 있을까 괜히 걱정이 되기도 한다.

　조금만 더 적극적이고 능동적으로 자신의 생각을 표현해보면 어떨까? 대답을 할 때에도 "맞아요.", "그렇군요." 하고 큰 목소리를 내며 맞장구도 치고, 손짓도 사용해보자. 온몸으로 반응하는 모습을 보여주면 상대방이 보기에도 훨씬 보기가 좋다.

눈은 입만큼이나 많은 것을 말해주는데, '손' 역시 입만큼이나 많은 것을 나타낼 수 있다. 대화를 나눌 때 적절히 손을 써보자. 손바닥을 두드리거나, 손짓을 하는 움직임이 더해지면 이야기 자체가 생기 넘쳐 보인다.

나는 자주 연극을 하는 것처럼 말하고 움직이라고 말한다. 요즘에는 "이탈리아인의 기질을 10~20% 정도 주입받은 것처럼 행동하자."로 말을 바꾸었다.

이탈리아인은 표정이 매우 풍부하다. 뚜렷하고 풍부한 표정은 물론, 몸짓도 매우 크고, 손도 자주 움직인다. 이탈리아에서는 손의 움직임만을 보고도 그 사람이 타지에서 온 관광객인지 현지인인지 구별할 수 있다고 한다. 그만큼 손을 매우 많이 움직이면서 대화를 한다는 이야기이다.

이탈리아인은 밝고 대화를 많이 나누고, 칭찬을 잘한다. 그리고 타인에게 친근하게 말을 거는 일에 익숙하다. 이탈리아어 통역을 하는 다마루 구미코는 이런 말을 했다.

"이탈리아인들은 말을 할 때 과장된 몸짓을 섞어가며 하기 때문에 아주 정교하고 자유롭게 자신의 마음을 표현한다. 어떤 의미에서 보면 그들은 모두 배우이다. 그것도 모두 '명배우'다."

대면력에는 이러한 요소가 필요하다. 대화를 나눌 때 입으로만 말을 하는 것이 아니라, 온몸을 활용해보도록 하자. 눈, 입, 손, 어깨 등을 활용하는 연습을 통해 상대에게 적극성을 보여줄 수 있고, 친근감을 줄 수 있다.

모든 것이
사람과의 관계 속에서
일어나는 일이다

　인생의 새로운 만남과 가능성은 모두 사람과의 교류 덕분에 생기는 일들이다. 대화를 나누고 헤어졌는데 다시 만나고 싶은 마음이 생기는 사람이 있다. 내가 그런 생각을 타인에게 들게 했다면 인생의 또 다른 기회를 얻는 것과 마찬가지다.

　대면력이란 다음으로 계속 관계를 이어가기 위해 타인의 마음을 사로잡는 것과 같다. 우리는 관계 속에서 다양한 영업을 하는 중이다.

　친구를 사귀는 일도, 취업 활동도, 결혼도 모두 사람을 대상으로 하는 영업 활동이다. 모두 자신의 인생을 풍요롭게 하기 위한 영업 사원이라 생각하며 관계를 만들어나간다면 우리의 인생이 얼마나 풍요로워질까?

사람과 직접 부딪히는 일이 조금은 불편하더라도 사회생활을 함에 있어 꼭 필요한 일이라 생각해보자. 다른 사람에게 이해를 얻는 것, 상대의 마음을 얻는 것 역시 필요한 일이다. 이런 생각으로 사람을 대하면 타인을 대하는 방법부터 바뀌게 된다.

지금은 어떤 일을 하든 센스가 필요하다. 예를 들어 대학 교수도 졸업생들의 취업률을 높이기 위해 외부 활동을 많이 해야 하고, 서비스직의 사람들은 꼼꼼한 서비스로 고객을 만족시키는 것이 중요한 업무가 되었다. 과거에는 나 혼자만 잘하면 됐던 일들이 사라지고 이제는 모든 것이 사람과의 관계 속에서 일어나는 것이다.

연예인들은 콘서트나 사인회 같은 팬들과의 만남을 통해 대면력이 단련되어 있는 경우가 많다. 어떤 자리, 어떤 상황에서도 웃는 얼굴로 사람을 대하고, 웃는 얼굴로 소통한다. 사인을 하거나, 악수를 하거나, 같이 사진을 찍는 동안 그들의 대면력은 만개한다. 우리의 인생 자체가 하나의 영업이라고 생각해도 과언이 아닐 만큼 우리는 수많은 관계 속에서 살아간다.

/ 인생의 새로운 만남과 가능성은
모두 사람과의 교류 덕분에 생기는 일들이다. /

회사의 회식에 참가하는 것도, 학부형들과 교류하는 것도, 학부모회의 임원이 되는 것 역시 영업이다. 서비스라는 무형의 상품을 취급하는 것이다. 이러한 마음으로 서로가 서로를 대할 때 사회는 더 활발히 돌아갈 것이고, 이것은 사회의 커다란 이럭이 될 것이다.

이해를 깊어지게 하는
가장 좋은 방법은
마주하는 것이다

자주 들르는 편의점의 아르바이트생이 우즈베키스탄에서 왔다고 한다. 편의점에 가게 되면 종종 우즈베키스탄에 관한 질문을 한다. 그렇게 이야기를 몇 번 나누다 보니 어느새 안면이 있는 사람이 되었다.

몸이 많이 피곤할 때 들르는 마사지숍에는 중국에서 온 마사지사가 있다. 그곳에서도 자주 이야기를 나누곤 한다. 타국에서 일하는 외국인과 대화를 하려면, 먼저 상대의 마음을 불편하게 하지는 않을까 고민해보게 된다. 이런 과정을 거치며 나는 커다란 발견을 할 때가 많다.

우리는 다양한 매체와 정보를 통해 각 나라에 대한 선입
관을 가지고 있는 경우가 많다. 하지만 실제로 한 사람, 한
사람을 만나 대화를 해보면 국적의 차이는 별로 느끼지 못
할 때가 많다.

　'이해는 사랑을 뛰어넘는다.' 이해하는 능력은 모두에게 동
일하게 적용되지만, 사랑하는 능력은 상대에 따라 다르다. 모
든 사람을 사랑할 수 있냐고 묻는다면, 솔직히 그렇다고 말
하기 힘들다. 분명 사랑할 수 없는 상대도 있다. 하지만 이해
는 다르다. 이해하려는 마음만 있으면 이해할 수 있다. 무신
론자라도 불교에 대해서, 기독교에 대해서, 이슬람교에 대해
서, 이해할 수 있다.

　어떤 대립되는 관계라도, 극과 극이라도, 이해는 할 수 있다.
모든 사물에는 긍정적인 면과 부정적인 면이 있다. 그것을 이해
하도록 노력해보자. 이해를 깊어지게 하기 위한 가장 최적의 방
법이 바로 서로 마주하는 것이다. 사람은 사람과 만나 이야기하
고 이해하기 위해서 살아가는 것이다.

　외국 여행을 가보면 서로 대화는 통하지 않아도 의사소통이
되는 경우가 많이 있다. 타국 사람과의 교류는 풍습과 문화는

/ 어떤 대립되는 관계라도, 극과 극이라도,
이해는 할 수 있다. 모든 사물에는
긍정적인 면과 부정적인 면이 있다.
그것을 이해하도록 노력해보자.

이해를 깊어지게 하기 위한 가장 최적의
방법이 바로 서로 마주하는 것이다.
사람은 사람과 만나 이야기하고
이해하기 위해서 살아가는 것이다. /

다르지만, 서로를 점점 이해할 수 있게 만든다. 자신의 눈앞에 있는 상대를 얼마나 이해할 수 있는가에 따라 인생의 개방성은 크게 달라진다. 직접 사람과 만나보고, 이야기를 들어보자.

처음 보는 세계와 접촉하는 그 두근거리는 마음을 영원히 계속 간직하자.

악수는 물리적으로
상대와 연결되는
인사이다

　서로 얼굴을 마주한 뒤 차분하고 평화적으로 헤어지기 위한 전 세계의 공통 인사법이 '악수'이다. "당신에게 위해를 가할 생각이 없습니다."라는 의미로, 그리고 '예절'과 '친밀함' 두 가지 요소를 순식간에 실현하는 매너로 세계 각지의 사람들은 악수를 나눈다.

　서로 맞대결을 펼치는 스포츠 경기를 보면, 시합 시작 전과 종료 후에 반드시 악수를 한다. 악수를 하여 서로 상대를 칭찬한 뒤, 마지막에는 심판과도 악수를 한다. 각국의 정상 회담이 열릴 때에도, 정상들이 서로 악수를 하는 장면이 반드시 보도

된다. 그럴 때에는 두 사람이 어느 위치에 서 있을 것인지, 누가 먼저 손을 내밀 것인지, 한 손으로 악수할 것인지, 아니면 양손으로 악수할 것인지 등을 사전에 면밀히 정해놓는 것 같다.

정치가는 악수를 자주한다. 악수를 통해 상대가 친밀한 감정을 느끼게 만들고 그것은 투표로 연결되기 때문에, 악수는 중요한 선거 활동이다. 경영자도 악수를 한다. 정치가나 경영자의 악수는 매우 강력하다. 손을 꽉 쥐거나, '고맙습니다.', '잘 부탁합니다.'라고 말하면서 손을 크게 위아래로 흔들기도 한다. 또 악수로 자신의 신뢰를 높이려는 듯 힘이 넘치는 악수를 하는 사람이 많다.

내가 아는 한 초등학교의 교장 선생님은 매일 아침, 교문 앞에 서서 등교하는 아이들 한 명 한명에게 '좋은 아침'이라고 인사를 하며 악수를 한다. 하교 시간 때에는 학교를 빠져나가는 시간이 모두 제각각이라 모든 아이들과 악수할 수 없기 때문에, 악수를 하려면 아침이 더 좋다고 한다. 악수를 했을 때 손의 감촉은 그 사람의 인상을 강하게 남긴다.

4만 명의 얼굴과 이름을 기억하고 있다는 어느 호텔의 유명한 도어맨은 악수를 하면서 얼굴을 확인하고 이름을 꼭 물어본다고 한다. 악수는 말이 통하지 않는 나라에서도 통한다. 미소와 눈맞춤, 박수와 마찬가지로 마음을 교류하는 보디랭귀지인 것이다.

"오늘 고마웠어요."

"앞으로도 잘 부탁합니다."

마음을 말로 전하는 것도 중요하지만, 악수는 물리적으로 상대와 연결되는 인사이다. 평소에 더욱 악수를 많이 하자. 악수를 하고 헤어지는 습관을 들여 보자. 악수에는 우호, 친애, 감사, 공감 등, 다양한 의미가 포함되어 있다.

"꼭 협력합시다.", "화해합시다.", "당신의 마음은 확실하게 받았습니다." 같은 마음도 포함되어 있다. 헤어질 때도 더욱 친밀해졌다는 느낌을 전달하기 위해, 인상이 좋았으니 다음에 또 만나자는 메시지를 남기기 위해 악수를 하기도 한다. "즐거웠어요.", "좋은 대화였어요.", "또 만나요."라는 마음을 담아 악수를 하고 헤어지는 것이다.

너무 강하지 않게 가볍게 2초 정도 손을 잡고 있는 것이 깔끔하다. 손을 내밀고, 미소를 짓고, 손을 꼭 잡는 것이다. 이러한 악수로 인간관계를 부드럽게 하고, '다음에도 또 잘 부탁합니다.'라는 메시지를 전하는 것이다.

에
필
로
그

/

새로운 가능성은
'만남'을 통해
이루어진다

/

상대의 말에 즉각 반응을 보이는 몸, 긴장된 상황에서 잠재력을 최대한으로 발휘하는 몸. '직접 얼굴을 맞대는 상황에 강한 신체'를 키워야 한다. 이것이 나의 중심 교육 이론 중 하나이다.

'대면력'이라는 관점에서 최근 20년을 되돌아봤을 때, 대면력이 향상되었다고 말할 수 있는 사람은 얼마 없으리라 생각한다. 사람과 사람이 직접 맞닥뜨리는 상황에 대한 적응력, 실제 상황에 대처하는 판단력은 오히려 더 부족해졌다.

글로벌 시대이니 글로벌한 능력이 필요하다고 하는데, 그렇다면 글로벌화에 적절하게 대처할 수 있을 만한 힘이란 무엇인가.

나는 대면력이라고 생각한다. 글로벌 시대이기 때문에 커뮤니케이션 능력이 더욱 필요하다. 그것도 온몸을 사용하는 대면력이 열쇠를 쥐고 있다.

세계에 진출하기 시작한 기업 경영자에게 "글로벌 전개에 필요한 힘은 무엇입니까?" 하고 물었더니 "미지의 세계에 두려움 없이 도전하려는 마음이지요. 영어는 그 다음입니다. 힘든 경험을 해봐야 비로소 사람은 성장합니다."라고 대답을 했다.

해외에서 사업을 하면 예상치 못한 일이 자주 벌어진다. 예정대로 되는 일이 오히려 드물다. 현장이 혼란에 빠졌을 때, 스스로 판단하여 현지 거래처와 조율하고, 교섭을 통해 문제 상황을 극복해낸다. 그렇게 온몸으로 긴급한 사태와 맞서본 사람이야말로 강해진다. 상상을 초월한 '터무니없는 상황'을 극복하기 위해서는 그저 말을 잘하는 것과는 차원이 다른 대면력을 필수적으로 지녀야 한다.

대면력을 기르기 위해 나는 학생들에게 '터무니없어 보이는' 일을 제안한다. "네? 갑자기 그런 걸 어떻게 해요."라고 느낄 만한 과제를 잇달아 낸다. 그게 나의 교육 방법이다. 그때그때마다 새로운 과제를 생각해 완수하라고 요구한다. 그러면 처음에는 나의 터무니없는 모습에 당황하던 학생들도 조금씩 익숙해져 놀라지 않게 된다. '터무니없는 일에 대한 내성'이 생기는 것이다.

　일단 내성이 생기면 신기하게도 평범한 것을 거부하기 시작한다. "선생님, 더 어이없는 걸로 부탁해요!"라는 소리까지 나오기 시작한다. 대답하기 곤란한 다양한 질문을 한 뒤 바로 대답하게 한다. '15초 프레젠테이션'은 긴장감과 성취감을 느끼게 해준다.

　이런 경험을 많이 쌓으면, 사람들 앞에서 자신의 의견을 간결하게 전할 수 있고, 의사 표현을 하는 일에도 익숙해진다. 이런 경험을 쌓다보면 자신감이 생기고, 대면력이 높아져 웬만한 일로는 두려움이 생기지 않는다. 대면력은 연습을 통해 확실히 향상시킬 수 있다.

처음에는 '대면력'이라는 개념을 확실히 자각하는 것만으로도 의식의 변화가 일어난다. '대면력이 약하다'고 생각하는 사람일수록 효과는 더 뚜렷하다. 사람과 마주하는 일을 두려워하지 말자. 우리는 관계를 맺으며 살아가고, 대화를 통해 성장한다. 이 책을 보는 여러분이 대면력을 향상시켜 삶의 풍요로움을 느끼게 되길 바란다.

_ 사이토 다카시

더 많은 기회를 만드는 말의 힘

내가 대화하는 이유

1판 1쇄 인쇄 2016년 1월 29일
1판 1쇄 발행 2016년 2월 5일

지은이 사이토 다카시
옮긴이 문기업

발행인 양원석
편집장 김건희
해외저작권 황지현
제작 문태일
영업마케팅 이영인 양근모 정우연 이주형 김민수 장현기 이선미 김수연 김온유

펴낸 곳 ㈜알에이치코리아
주소 서울시 금천구 가산디지털2로 53, 20층(가산동, 한라시그마밸리)
편집문의 02-6443-8902   **구입문의** 02-6443-8838
홈페이지 http://rhk.co.kr
등록 2004년 1월 15일 제2-3726호

ISBN 978-89-255-5844-8 03320